Mein Sex, what else?

Das Buch der weiblichen Lust

Nicole Siller

Mein Sex, what else?

Das Buch der weiblichen Lust

KNEIPP
VERLAG WIEN

INHALT

Herzlich willkommen bei „Mein Sex, what else?"

Dies ist ein Buch für jede Frau, für alle, die sich als Frau fühlen und die eigene Sexualität mit sich und anderen bewusster entdecken und gestalten möchten – ob Single, in Begegnung bzw. Beziehung mit Mann und/oder Frau oder mit Menschen, die sich selbst keinem binären Geschlecht zuordnen möchten.

Und es ist ein Buch für jeden Menschen, der Frauen liebt.

Ich nehme dennoch immer wieder Bezug auf die klassische Frau-Mann-Beziehung, da sie nach wie vor den Großteil der Bevölkerung betrifft.

Bitte fühlen Sie sich inkludiert, auch wenn Sie sich nicht in diesem Beziehungsmodell wiederfinden.

Wenn Sie diese Zeilen lesen, kann es gut sein, dass Sie sich gerade jetzt intensiver mit Ihrer Lust, Sinnlichkeit und Sexualität befassen wollen – und genau darum geht es hier: Dieses Buch lädt Sie dazu ein, einen liebevolleren Blick auf sich selbst, auf Ihren Körper und Ihre sexuelle Gesundheit zu werfen und es ist …

… ein Buch über die Lust am Leben!

Eine essenzielle Voraussetzung für erfüllende Sexualität ist es, über sich selbst bzw. seinen Körper, die eigenen Bedürfnisse, Sehnsüchte, aber auch über Hindernisse, Hemmungen, Ängste usw. informiert zu sein. Wenn wir über uns selbst ein bisschen besser Bescheid wissen, können wir liebevoller und vor allem auch fürsorglicher mit uns selbst umgehen. Wir finden Wege, die guttun, statt uns in destruktiven Mustern einzugraben.

Es geht um Sie

Wenn Sie einen leichteren, freudvolleren und spielerischen Zugang zu Ihrer Sexualität entdecken können, werden Sie mutiger und sicherer. Ich möchte Sie einladen, Ihre eigene Vision zu entwerfen – eine Vision, die Sie ermuntert, im Sinne Ihrer eigenen Bedürfnisse zu agieren. Lassen Sie uns gemeinsam Ihre selbst-bewusste, selbst-verständliche, sinnliche Lust und Ihre Sexualität neu erkunden.

Dieses Buch vermittelt Ihnen das Wissen, das Sie benötigen, und bringt Anregungen für die Praxis: Wir tauchen kurz und knackig in die „Entwicklungsgeschichte unserer Sexualität" ein, beleuchten, welche Mythen sich hartnäckig halten – und warum Sie diese getrost vergessen können.

Lernen Sie die wichtigsten Fakten rund um Ihren Körper und Ihre sexuelle Gesundheit kennen. Lassen Sie sich inspirieren und mitnehmen zu mehr Freude und vielleicht sogar Begeisterung und Leidenschaft. Erkunden Sie neugierig die eigenen Gestaltungsspielräume, um Ihr Liebesleben wacher und lebendiger genießen zu können.

Bitte entscheiden Sie, welche Anregungen Sie aufgreifen wollen, Sie bekommen hier eine ganze Fülle von Impulsen und Lösungsansätzen. Seien Sie geduldig mit sich: Manchmal ist es nur ein einziger Schritt, der für das Gelingen einer Veränderung notwendig ist, manchmal braucht es jedoch ein bisschen Übung, ein bisschen Zeit.

Finden Sie heraus, was Sie persönlich benötigen, um Ihr eigenes Leben in lustvollere, freudigere Bahnen zu lenken und mehr Lebendigkeit zu verspüren. Nein, es geht hier ganz klar keinesfalls darum, sich selbst zu „optimieren", sondern darum, sich selbst besser zu spüren und möglichst entspannt, sorgsam und liebevoll damit leben zu können. Nicht für die anderen. Für Sie. Wenn Sie für sich unterstützend und wohlwollend sorgen, geht es automatisch auch den anderen besser.

Wie die WHO sexuelle Gesundheit definiert

Bereits 1975 hat die Weltgesundheitsorganisation per Definition festgehalten, dass sexuelle Gesundheit untrennbar mit Gesundheit, Wohlbefinden und Lebensqualität verbunden ist: Sexuelle Gesundheit ist ein Zustand des körperlichen, emotionalen, mentalen und sozialen Wohlbefindens in Bezug auf die Sexualität und nicht nur das Fehlen von Krankheit, Funktionsstörungen oder Gebrechen. Sie setzt eine positive und respektvolle Haltung zu Sexualität und sexuellen Beziehungen voraus sowie die Möglichkeit, angenehme und sichere sexuelle Erfahrungen zu machen, und zwar frei von Zwang, Diskriminierung und Gewalt. Sexuelle Gesundheit lässt sich nur erlangen und erhalten, wenn die sexuellen Rechte aller Menschen geachtet, geschützt und erfüllt werden. Selbstverständlich gilt diese Definition für alle Menschen dieser Erde, egal, welcher Kultur und Religion, welchen Geschlechts oder welcher Herkunft sie sind.

Never too late

Zu Beginn einer Veränderung braucht es Erkennen und Mut. Wenn man seine Komfortzone verlässt, kann es auch unbequem werden. Oft heißt es: Starten Sie jetzt, damit es am Ende gut wird. Wir wollen aber nicht auf ein Ende warten.

Lebendige Sexualität verändert sich ständig – gestalten Sie die Ihre doch einfach mit. Es ist ein Weg, der niemals enden muss, auch wenn wir sicherlich mit 20, 50 oder 100 Jahren unterschiedliche Bedürfnisse haben. Nur weil wir mit Anfang 20 vielleicht richtig viel Spaß am Sex haben und vielleicht auch ganz selbstverständlich tolle Orgasmen genießen, heißt das noch nicht, dass uns mit 57 dieselben Spielvarianten glücklich machen. Nur weil wir mit 35 noch nie lustvollen Sex, vielleicht noch nie einen Orgasmus genossen haben, heißt das noch lange nicht, dass wir nicht mit 35,1 oder 80 den besten Sex unseres Lebens haben können (eine Frau hat mir erzählt, ihre Mutter hätte sich mit 78 Jahren einen Liebhaber zugelegt und behaupte nun ständig, ob man es hören wolle oder nicht, sie hätte den besten Sex ihres Lebens).

Ein reicher Schatz an Möglichkeiten

Falls Sie schon ein paar Jahre Erfahrungen mit Ihrer Sexualität sammeln durften: Können Sie sich noch erinnern, was Sie im Laufe Ihres Lebens alles erlebt haben, was Ihnen richtig gutgetan bzw. was Sie so richtig erregt hat? Haben Sie Ihre erotischen Träume schon vergessen oder haben Sie noch Kontakt zu den Bedürfnissen, die in Ihnen schlummern? Worauf warten Sie? Egal ob Sie in einer Beziehung sind (hoffentlich in einer Beziehung mit guter Sexualität) oder gerade allein, mit diesem Buch können Sie in jedem Fall sich selbst und Ihrer Sinnlichkeit näherkommen, Ihre Lust und Sexualität wieder neu entdecken, erlernen bzw. verlernen.

So keep on dreaming and dancing, till you meet a person you like to play with.

Viele von uns haben sich Gewohnheiten zugelegt, die nicht mehr passen oder sogar immer nur ein „Mitmachen" waren – wo bleiben da Lebendigkeit, Freude, Lust?

Und falls Sie gerade erst beginnen, Ihre Sexualität zu entdecken, sich ihr zu nähern, finden Sie hier einen reichen Schatz an sinnlichen Anregungen. Ja, ich möchte Sie anregen – denn Sie „müssen" beim Sex nichts, sie haben nichts zur „erledigen" und Sie können nichts „richtig" oder „falsch" machen, solange Sie und alle Beteiligten erwachsen sind und freiwillig mitmachen.

Vielleicht haben Sie keine Lust auf Sex und sind frustriert, weil Sie nicht wissen, wie Sie diese wieder aktivieren können? Solche Phasen gibt es im Leben fast jeder Frau (fast jedes Menschen)! Manchmal lassen sich die genauen Gründe nicht festmachen, manchmal steckt beispielsweise eine Beziehungskrise dahinter, Stress, Trauer, Ärger, Hormonumstellungen, etwa nach einer Schwangerschaft ... und vieles mehr. Lustlose Phasen können kommen, sie dürfen da sein. Oft freuen wir uns, wenn sie wieder gehen. Sie können einiges dafür tun, wenn Sie diese tiefe Sehnsucht nach Lebendigkeit und Lust in sich spüren – und zwar genau so intensiv und in dem Tempo, wie es für Sie passt, ganz ohne Leistungsdruck, ohne Performance.

Sie sind in der Lage, Ihre Gedanken umzudrehen. Statt „Mach mich glücklich" kann es heißen „Ich mach mich glücklich!" Viel Vergnügen dabei!

Je weniger Erwartungen Sie dabei an den Tag legen, je mehr Offenheit und Neugierde Sie mitbringen, umso größer können Emotionen und Spielräume werden, umso schöner die Überraschungsmomente. Darf es mehr sein?

Für die Praxis empfiehlt es sich, die Kraft der kleinen Schritte zu nützen – sich also täglich eine Anregung zu gönnen und wirklich in die Sache einzutauchen. Denn so kann ein Prozess in Gang kommen, der Ihre Freiräume für eine lebendige Lust erweitern kann. Wollten Sie das nicht?

EIN STREIFZUG DURCH DIE VERGANGENHEIT DER WEIBLICHEN SEXUALITÄT

Wie unsere (Ururur...-)Ahnen tatsächlich gelebt haben, lässt sich in den meisten Fällen nicht wirklich detailliert belegen. Immer noch wirft jedes „Fundstück" neue Fragen auf. Trotzdem wage ich hier eine kurze Rückschau – und ein paar Gedanken.

In jedem Fall gab es über die Jahrtausende hinweg völlig unterschiedliche Formen des menschlichen Zusammenlebens. Ob patriarchal oder durch ein Matriarchat geprägt, ob in Sippen oder familienähnliche Strukturen gegliedert – die diesbezügliche Ausprägung der Kulturen zeigte sich bis vor relativ kurzer Zeit ziemlich divers, manchmal sogar von Landstrich zu Landstrich oder gar von Tal zu Tal. Wie die Organisation jeweils funktionierte, kann nur vermutet werden. Hier gibt es völlig verschiedene Zugänge, was wohl auch daran liegt, dass die „Beweislage" nur sehr lückenhaft ist bzw. immer nur aus heutiger Sicht interpretiert werden kann.

Auf die Suche nach Nahrung machten sich die Menschen über eine lange Zeitspanne ihrer Entwicklungsgeschichte in größeren oder kleineren Gruppen. Während dieser Zeit, so vermutet man, wurden die Kinder eher den Frauen „zugeordnet" – und von den Frauen einer Sippe, die sich gegenseitig unterstützten, gemeinsam aufgezogen. Die Zeugung eines Kindes fand (vielleicht auch nur in manchen Kulturen?) ohne familiäre Verpflichtung für den Mann statt. Ein Liebesspiel war Wunsch der Frau. Man nimmt auch an, dass die Frau wählen konnte, mit wem sie geschlechtliche Liebe, Sexualität, genießen wollte. Rein körperliche Vereinigungen, also ohne Liebe, waren wahrscheinlich normal, eine entsprechende Beziehung gab es angeblich nur, solange es „passte" (Freude machte?). Man vermutet zudem, dass es möglich war, mehrere Lieben parallel zu genießen (die romantische Liebesbeziehung, wie wir sie uns heute wünschen, ist eine relativ neue Entwicklung, die sich erst ab dem 18. Jahrhundert ausbreitete – davor waren Beziehungen durchaus auch Vereinbarungen, die jeder Romantik und romantischen Liebe entbehrten).

Moral und Macht

Vor ungefähr 400.000 Jahren waren die Vorfahren des heutigen Menschen durch den Klimawandel gezwungen, von Sammlern zu Jägern zu werden. Durch Zusammenarbeit und gegenseitige Hilfe wurde die Nahrungssuche einfacher und so konnte sich eine „kooperative Moral" entwickeln. Vor rund 150.000 Jahren soll sich daraus dann ein gemeinsames Verständnis von Mitgefühl und Loyalität, ein Gespür für Richtig und Falsch entwickelt haben – also eine Art Gruppenmoral. Dies war die Basis für die Ausprägung eines gemeinschaftlichen kulturellen Weges und die Grundlage für eine kommunikative Kooperation, aber auch für die Entwicklung von Individualität. Wir Menschen haben uns mit unserem Bewusstsein im Laufe der Zeit immer weiterentwickelt – und wir werden es auch weiterhin tun.

Das menschliche Rollenverhalten änderte sich über die Jahrtausende durch sich ebenfalls verändernde moralische Rahmen. Ein besonders markanter Einschnitt war die Entwicklung der Landwirtschaft und der Sesshaftigkeit. In der Nähe des heutigen Jericho wurde die bisher älteste Siedlung entdeckt, sie soll rund 10.500 Jahre alt sein. Mit der Sesshaftigkeit begann die Zeit der „mächtigen, starken Männer", da eher Männer Besitz aus Beutezügen mitbrachten. Wer Land und Besitz hatte, war angesehen und wurde mächtig (Vermögen zu sammeln und zu halten, hieß mächtiger werden) – und diese Tatsache war wohl der Nährboden für die Entstehung des Konkurrenzverhaltens: Man wollte das haben, was der andere hatte, Neid und Diebstahl und Zerstörung waren keine Fremdworte mehr. Es kam zu Kriegen, man kämpfte, raubte und verteidigte sich. Und „man" ist hier tatsächlich mit „Mann" gleichzusetzen: Es waren Männer, die Kriege führten, und Männer, die Frieden schlossen.

Allerdings bin ich persönlich davon überzeugt, dass es nicht nur diese fixierten, klar getrennten Geschlechterrollen gab. Ganz sicher gab es auch Frauen, die gejagt haben, und Männer, die es nicht getan haben. Wir dürfen unsere Gedanken deutlich weiten. An dieser Stelle: Diese tradierten Geschichten und Werte sind wirklich gründlich zu hinterfragen – ganz im Sinne von Simone de Beauvoir, die meinte, zu dieser Frau, die wir immer noch sein sollen, sind wir nicht geboren, sondern gemacht worden.

Warum Frauen treu sein sollten

Mit der Sesshaftigkeit wurden die Kinder vermutlich den Männern „zugeordnet". Die schlichte Formel lautete: überleben, fortpflanzen, vererben. Die Treue der Frau wurde immens wichtig, vor allem, damit der Mann sicher(er) sein konnte, dass er tatsächlich die von ihm gezeugten Kinder versorgte. So entwickelten sich auch bei Paaren Machtstrukturen bzw. Einschränkungen. Spätestens zu diesem Zeitpunkt begann die Unterdrückung der natürlichen sexuellen Bedürfnisse der Frau.

Frauen wurden im Laufe der Geschichte immer wieder am eigenen und freien Lustempfinden gehindert – zum Beispiel durch äußerst harte Maßnahmen wie das Einschnüren der Füße und das Beschneiden der Klitoris, durch Keuschheitsgürtel, aber auch durch Beschimpfungen oder Beurteilungen wie Hure, Schlampe, Nymphomanin usw. Unsere Ahninnen mussten zu oft lernen, frau ist besser nicht lustvoll, denn das tut weh.

Auch Religionen trugen das Ihre dazu bei. Viele Frauen lebten mit der Angst, ersetzt, „verstoßen" oder von ihren Kindern getrennt zu werden, teilweise mussten sie auch ihre Kinder schützen. Sich dem Mann unterzuordnen, wurde lebensnotwendig. Und so lernte frau sich selbst und ihre Bedürfnisse zu „beherrschen", zu unterdrücken.

Wenn frau sich auf lustvolle oder gar selbstsichere Art zeigte, so war das tendenziell nicht gesellschaftskonform, es gehörte sich nicht. (Woll-)Lust wurde mit der käuflichen Liebe, also der Prostitution, verbunden. „Wertvolle" und ehrwürdige Frauen hingegen wurden vom Mann (Vater) an den Mann (Ehemann) übergeben und keinesfalls als selbstverantwortlicher, gleichwertiger Mensch behandelt. Eine zur (Ehe-)Partnerin gewählte Frau sollte ehr- und berechenbar, verlässlich, sanftmütig und gehorsam sein und Mann und Kinder umsorgen.

Weibliche Lust habe weibliche Autonomie und somit auch Macht bedeutet – und bedeute es auch jetzt noch, sagt Sandra Konrad in ihrem Buch „Das beherrschte Geschlecht". Aus heutiger Sicht wisse man, dass diese Kombination Männern durchaus auch Angst mache – was vor allem dann der Fall sei, wenn die Gesellschaft sexuellen Bedürfnissen und Frauen kritisch gegenüberstehe. Unterdrückte Begierde könne zu einer explosiven Mischung aus Scham, Schuld und Hass werden – ob im Mittelalter oder in unseren Tagen, in den USA oder im Iran, im Islam oder im Katholizismus. Und gerade diese Mischung richte sich immer noch oft gegen Frauen und/oder Minderheiten.

Der Mann wollte als Ehefrau also kein lustvolles, selbstsicheres und starkes Weib, das seine sexuelle Energie lebt und in ekstatischen Momenten außer sich geraten kann – aber natürlich wissen wir nicht, was hinter verschlossenen Türen abgelaufen ist. Akzeptiert oder gesellschaftlich anerkannt war die lustvolle Frau jedoch nicht (und das ist oft heute noch so).

Die Legende von Lilith, Adam und Eva

Aus der biblischen Schöpfungsgeschichte sind uns meist nur Adam und Eva bekannt. Es gibt aber auch Geschichten, die von einer anderen Frau Adams erzählen. Sie heißt Lilith – schon einmal gehört? Doch wer genau war diese Lilith?

Einer alten jüdischen Legende nach war Lilith die erste Frau an Adams Seite. Wie dieser von Gott aus Erde geschaffen, war sie ihrem Mann ebenbürtig und akzeptierte Adam weder als ihren Beherrscher noch als Familienoberhaupt. Weil sie sich nicht unterwerfen, sondern gleichwertig sein wollte, floh sie letztendlich vor den Machtansprüchen ihres Mannes.

Wie die Legende weitererzählt, irrte die „verfluchte" Lilith fortan als Nacht- und Windgeist umher, unglücklich und angeblich kindermordend. Sie galt als schön, als Verführerin der „armen hilflosen Männer". Auch Eva hat doch später der Legende nach mit dem Apfel Adam verführt. Spannend, oder? Wir Frauen waren scheinbar die lustvollen Verführerinnen – bevor genau dies ver- und beurteilt wurde (wo also bleibt der Mann als Verführer, der selbstverantwortlich agiert – aber das ist wohl eine andere Geschichte?!)! Lilith mutierte in dieser Legende zum Angstbild der „guten Frau", weil sie „böse und für andere Frauen gefährlich" war.

Eines Tages traf Lilith zufällig auf Eva, Adams zweite Frau (von Gott aus einer Rippe Adams erschaffen). Lilith misstraute der „braven" Eva, Eva wiederum hatte Angst vor der „gefährlichen" Lilith, über die sie schon viel gehört hatte. Beide waren jedoch auch neugierig aufeinander, lernten einander besser kennen und

Mein Sex, what else?

in ihren Unterschiedlichkeiten verstehen und wurden Freundinnen, die sich nicht mehr gegeneinander ausspielen ließen. Die Unterordnung der Frau in Ehe und Familie akzeptierten beide nicht.

Schauergeschichten, die Frauen diskreditieren, wurden von Männern gerne verbreitet. Und so ist jener Teil der Geschichte, der von Liliths und Evas Begegnung berichtet, auch weit weniger bekannt als die Geschichte über die „dämonische" Lilith. Offenbar war dem Menschen ein co-creatives Miteinander zum Wohle aller nicht in die Wiege gelegt - dieser Legende nach, die be- und abwertet, verteufelt, verurteilt, Frauen kategorisiert und unterdrückt.

Ehe und Familie wurden in patriarchale, über die Jahrhunderte ausgebaute Erzählungen eingebettet. Ein klares Konstrukt entstand: Der Mann ist der mächtige, tonangebende Teil in der Beziehung. Ein unabhängiges Leben von Frauen wurde nicht akzeptiert. Seit einiger Zeit wird die unabhängige Lilith aber wieder zum Thema. Gut so. Denn es ist wichtig, dass wir uns an die gleichberechtigte und unabhängige Frau erinnern - es ist unsere Chance, verkrustete Geschlechterrollen, die schon lange nicht mehr zu uns passen, neu zu gestalten. Für mich steht Lilith für eine urweibliche, kraftvolle Frau, die keinesfalls umgekehrt den Mann unterdrücken oder abwerten wollte, sondern in ihrer Weiblichkeit gleichwertig UND anders sein will und darf. Wollen wir alle unsere Lilith-Anteile integrieren?

Die Ehe im Wandel der Zeit

Die generellen Möglichkeiten und Rechte der Frau änderten sich auch mit der Entwicklung der „fixen Ehe". Der Mann war in erster Linie für die materielle Basis, für Besitz und Außenleben (später das gesellschaftliche Leben) zuständig, die Frau für das innerfamiliäre Leben, also Haushalt, Kindererziehung etc.

Bildung für Frauen war nicht erwünscht und wurde dementsprechend nicht gefördert - sie hätte zu unabhängig gemacht.

Ein Studium konnten Frauen in Deutschland erstmals im 20. Jahrhundert aufnehmen – was noch lange nicht hieß, dass sie Bildung tatsächlich „genießen" durften. Auch und gerade während der Zeit des Nationalsozialismus war das für Frauen kein Thema.

Zu einer weitgehenden rechtlichen Gleichstellung von Mann und Frau kam es zum Beispiel in Österreich erst durch die Familienrechtsreform 1975. Bis dahin konnte ein Mann den Job seiner Frau kündigen und ihr Einkommen verwalten – und somit über ihren Kopf hinweg entscheiden.

Da die Ehe bis vor etwa zweihundert Jahren vor allem eine Versorgungseinrichtung war und Romantik und Liebe erst später entscheidend wurden, lag lange Zeit der Schluss nahe: Ehe und lustvolle Sexualität gehören nicht „logischerweise" zusammen. Vor diesem Hintergrund sprach man über Sexualität in einer festen Beziehung wie der Ehe von ehelichen Pflichten – ein Lustkiller schlechthin (der sich sehr lange recht gut behauptete). Frau sollte sich mit ihren wahren Bedürfnissen nicht zeigen, man(n) musste sich nicht anstrengen – es ist noch nicht so lange her, da war Sexualität für viele die rasche, zielgerichtete Entladung des Mannes in der Frau. Punkt. Das reichte als schlichte Triebbefriedigung des Mannes, reichte, um Kinder zu zeugen. Man hatte ja als Mann immer noch die weitgehend geduldete Möglichkeit, seine Lust an Geilheit, erotischem Spiel oder Ekstase mit Mätressen oder in Bordellen auszuleben.

Noch 1966 (!) wurde in Deutschland ein Gesetz verabschiedet, das klarstellte, dass die Frau nicht nur ihren ehelichen Pflichten nachkommen muss – sondern ihr auch verbot, Widerwillen oder Gleichgültigkeit zur Schau zu tragen, sollte sie keine Zufriedenheit erlangen. Es lautete[1]: „Die Frau genügt ihren ehelichen Pflichten nicht schon damit, dass sie die Beiwohnung teilnahmslos geschehen lässt. Wenn es ihr infolge

---

1 Quelle: Heribert Prantl, Süddeutsche Zeitung

Mein Sex, what else?

ihrer Veranlagung oder aus anderen Gründen, zu denen die Unwissenheit der Eheleute gehören kann, versagt bleibt, im ehelichen Verkehr Befriedigung zu finden, so fordert die Ehe von ihr doch eine Gewährung in ehelicher Zuneigung und Opferbereitschaft und verbietet es, Gleichgültigkeit oder Widerwillen zur Schau zu tragen." Vergewaltigung in der Ehe war in Deutschland bis 1997 kein Straftatbestand.

Geschichtlich betrachtet ist es nur einen Wimpernschlag her, dass diese – aus heutiger Sicht unglaublichen – Gesetze Gültigkeit hatten, also ganz und gar nicht lange. Wir selbst, unsere Mütter oder Großmütter sind von dieser Haltung weitgehend geprägt, selbst wenn eine Ehe hoffentlich in vielen Fällen eine liebevolle Beziehung war und die entsprechenden Gesetze nicht zum Tragen kamen. Es ist aber nicht verwunderlich, dass viele Frauen nach wie vor Orgasmen vortäuschen oder keinen selbstverständlichen Zugang zu ihrer eigenen Lust, ihrer Sexualität haben. Auch die Dinge, über die nicht gesprochen wurde, prägen uns. Sehr sogar.

Hysterische und frigide Frauen

Frauen, die ihre Lustbedürfnisse und ihre Sexualität nicht ganz unterdrücken wollten oder konnten, nannte man zu Beginn des 20. Jahrhunderts (und wohl auch länger) hysterische Frauen – und nicht wenige wurden so bezeichnet. Manche der wohlhabenderen wurden zum Arzt geschickt, der sie gar nicht selten manuell zum Orgasmus massierte. Was für ein Job – man stelle sich das heute vor! In der zweiten Hälfte des 19. Jahrhunderts erfand der britische Mediziner Joseph Mortimer Granville schließlich den Vibrator, die Handarbeit war vielen Ärzten zu mühsam geworden (wie schön, dass wir heute schon viele Schritte weitergekommen sind und es immer mehr Männer gibt, die sich an der Lust und Ekstase ihrer Frauen erfreuen – trotzdem, danke, Joseph Mortimer Granville!).

Auf der anderen Seite wurden (und werden bis heute) Frauen als frigide bezeichnet, nämlich dann, wenn sie sich dem Sex, aus welchen Gründen auch immer (Angst, Traumata, Unwissenheit, körperliche Einschränkungen, Schmerzen, hinderliche Glaubenssätze etc.), nicht hingeben konnten, oder wenn es nicht möglich war, ihrem Mann „ihren Orgasmus zu schenken", damit er sich, oft mit Sex nur durch Geschlechtsverkehr, als „guter Liebhaber" wähnen konnte.

Sandra Konrad weist in „Das beherrschte Geschlecht" darauf hin, dass weibliche Lust ein Mysterium war und es teilweise noch immer ist. Je nach Epoche und Zeitgeist habe eine andere Haltung vorgeherrscht: Entweder hätte sie gebändigt oder geweckt werden müssen, wäre sie gefürchtet oder herbeigesehnt, überhöht oder übersehen worden. Einst sei sie unterdrückt worden, heute werde sie per Pille verschrieben.

Ein wechselhaftes 20. Jahrhundert

Im vergangenen Jahrhundert gab es wohl die komprimierteste Entwicklung „rund um die weibliche Sexualität" und starke Pendelausschläge in unterschiedliche Richtungen. Den schweren Jahren während des Ersten Weltkrieges folgten die wilden 20er (1928 wurde in Deutschland übrigens das Züchtigungsrecht des Ehemannes gegenüber der Ehefrau abgeschafft) und die schlimme Zeit des Zweiten Weltkrieges. Das Wirtschaftswunder der Nachkriegszeit, der Beginn der Emanzipationsbewegung und des Feminismus, das 68er-Jahr mit den Versuchen der freien Liebe – die Herausforderungen, aber auch die neuen Möglichkeiten waren da für manche groß.

Mit Willen und Mut auf neuen Wegen

Zusammenfassend kann man sagen: Trotz all der widrigen Umstände haben Frauen immer wieder auch Wege gefunden, ihre Sexualität lustvoll zu leben, vorausgesetzt, sie wollten es und waren mutig genug – wenn auch nicht wirklich frei, selbstbestimmt und gleichwertig.

WO WIR FRAUEN
HEUTE STEHEN

Was uns prägt

Was denken wir Frauen?

2018 habe ich zwei – nicht gesponserte – Online-Umfragen durchgeführt, an denen jeweils ca. 250 bis 290 Frauen im Alter zwischen 20 und 76 Jahren teilgenommen haben – mit bemerkenswerten Ergebnissen (vermutlich sind diese Prozentsätze deutlich „positiver" als im breiten Bevölkerungsdurchschnitt, trotzdem zeigen sie Tendenzen).

» 36 Prozent der Frauen sagten, ihr Körper sei nicht sexy, weiblich oder jung genug

» über 19 Prozent glaubten, dass das sexuelle Verlangen mit den Jahren aufhöre

» ca. 15 Prozent hatten Angst davor, ihre Lust zu zeigen, weil man sie sonst als „Schlampe" verurteilen könnte

» noch gut sieben Prozent vermuteten, dass „er" gehen würde, wenn sie beim Sex nicht machen würden, was er wolle

Andere Glaubenssätze und Meinungen, die genannt wurden, hießen zum Beispiel: Es gehört sich nicht, zu zeigen, was einen erregt. Er muss unbedingt einen Orgasmus bekommen, meiner ist nicht so wichtig. Ich habe Angst, die Kontrolle zu verlieren, wenn ich mich zu sehr fallen lasse. Ich wurde katholisch erzogen und empfinde ein großes Schuld- und Schamgefühl, wenn ich erregt bin. Ich muss immer so tun, als ob ich komme, damit er glücklich und bestätigt ist. Ich rieche „da unten" vielleicht nicht gut. Ich mag nicht, dass er mich leckt, ich bin ja schmutzig da unten. Ich bin nicht jung und attraktiv genug.

Der Grundtenor bei all dem heißt eindeutig: Frau ist nicht genug (wie traurig, dass uns die Gesellschaft, die Medien immer noch so unterdrücken). Was macht es mit uns Frauen, wenn wir so denken oder agieren? Wie geht es Ihnen, wenn Sie in die Meinungen anderer Frauen eintauchen? Sorgen solche Gedanken für Lust auf Sinnlichkeit, Erotik und ein freies, guttuendes Miteinander? Wohl eher nicht.

Auch wenn diese Verunsicherungen und Ängste sehr menschlich sind – unsere Wahrnehmung fokussiert sich genau darauf. Wir finden quasi immer Bestätigung für dieses „Nicht-Genügen", weil wir anderes rundherum gar nicht mehr bemerken, sondern voll auf vermeintliche „Mängel", also Besonderheiten abseits der Norm, fokussiert sind. Haben Sie ähnliche Sätze im Kopf oder gehören Sie zu den Frauen, die freier sind? Lilith, bitte wach auf in uns, wir sind es: vollwertige, lustvolle, sinnliche Frauen, die ganz wunderbar sind, wie wir sind, egal in welchem Alter, mit welcher Figur, mit welchen sexuellen Bedürfnissen!

Alte und neue Geschichten

Nun, wir müssen nicht weit schauen: Wir sind in unserer Sexualität selbst heute noch nicht frei, sondern befinden uns inmitten alter und neuer einengender Geschichten, legen Verhaltensweisen an den Tag, die wir – woher auch immer sie kommen mögen – übernommen haben. Auch wenn wir bereits einiges losgeworden sind, vieles haben wir uns erhalten (und Neues geschaffen, doch dazu später). Nach wie vor existieren reihenweise Mythen, die uns prägen – hier seien nur einige erwähnt: Das erste Mal tut weh, ein Orgasmus gehört dazu, Männer wollen immer, Männer können immer, der Orgasmus des Mannes ist wichtiger, nur spontaner Sex ist gut, je größer der Penis, umso mehr Spaß für sie, nur Frauen können einen Orgasmus vorspielen, bei richtig gutem Sex kommen immer beide gleichzeitig, frau muss nicht erregt sein, einen Penis aufnehmen kann sie immer, nur junge Frauen sind begehrenswert, Lust hört irgendwann eben auf, Sex funktioniert von selbst oder nicht, usw. usf.

Unsere Gesellschaft kennt viele destruktive Regeln, die beide Geschlechter in enge Rollen zwängen wollen, denn so ist die Masse auch leichter zu formen. Viele davon kommen „von oben" und sind immer noch viel zu männlich dominiert – im Sinne von „alter weißer Mann". Ich verwende diesen Begriff hier für Menschen, egal welchen Alters und Geschlechts, die in alten patriarchalen Strukturen und Denkmustern stecken. „Alte weiße Männer" haben sich auch in uns Frauen versteckt, ja, leider – in uns Frauen, die wir einander beurteilen und oftmals dazu beitragen, dass wir „klein", „artig", „brav", „richtig" bleiben.

Elternhaus, Schule & Co

Einen entscheidenden Einfluss darauf, wie wir auf das Thema Sexualität schauen und wie wir damit umgehen können, hat unser Elternhaus – die „Maßstäbe", die wir in der Kindheit kennen gelernt haben, können im besten Fall zu uns passen und uns im weniger guten eher einschränken – für viele ist die eigene Sexualität ein großes Tabuthema.

Ob wir aus einem aufgeschlossenen, modernen oder aus einem eher konservativen Elternhaus bzw. Umfeld kommen: Wir haben unbewusst miterlebt, wie zu Hause über Sexualität, Erotik, Lust gedacht wurde – das heißt auch, dass wir unbewusst gelernt haben, wie Sex ist: gut oder nicht, „normal" oder nicht. Haben die Eltern einander im Alltag berührt und waren sie liebevoll zueinander, haben sie ganz natürlich auf ihre Intimsphäre geachtet? Gerade in der Körperlichkeit, der Sexualität ist es unglaublich wichtig, dass wir durch gesundes Erleben lernen, auf uns und unsere Intimsphäre zu achten (vielleicht war uns das nicht vergönnt, aber wir können im Hier und Jetzt selbst dafür Sorge tragen, es ist nie zu spät!).

Haben unsere Eltern direkt miteinander kommuniziert, miteinander geflirtet und gelacht oder sind sie einander ausgewichen? Ob die Dinge ausgesprochen wurden oder nicht, wir haben mit Sicherheit registriert, was unsere Mutter über unseren Vater gedacht, wie unser Vater unsere Mutter gesehen hat. Vielleicht war die Stimmung in zwei Patchwork-Elternhäusern auch völlig unterschiedlich: Eine derartige Situation kann unter Umständen ein großes Glück sein, weil wir dadurch erleben und sehen können, dass es nicht nur eine richtige Variante gibt.

Aufgeklärt wurden wir vielleicht kurz in der Schule, wenn wir Glück hatten, haben wir zu Hause oder über Freunde ein bisschen mehr erfahren, vielleicht haben uns auch „Dr. Sommer" oder YouTube einiges erzählt. Wir haben möglicherweise einiges über Geschlechtskrankheiten, Verhütungsmöglichkeiten, Perversionen, vielleicht auch über Gewaltprävention gehört – das alles ist wichtig, aber für eine „Unbedarfte" auch sehr abstrakt. Die intensive Beleuchtung der „belastenden Aspekte der Sexualität" kann unter Umständen Ängste schüren – vor allem, wenn wir hören, was wir alles verhindern sollen: Krankheiten, Schwangerschaften, unnötige Provokationen der Männer etc. Wie kann man so lernen, sich im passenden Augenblick fallen zu lassen, selbstbewusst zu probieren, zu genießen, zu spielen und zu vertrauen?

Wie frei sind wir heute, uns zu (er-)leben?

Was durften wir lernen, als wir uns vom abhängigen Kleinkind weiterentwickelt haben und die Welt erforschen wollten? Durften wir uns mit unserer Neugier, unserem Körper, unseren Sinnen, unserem Alter, unserer Persönlichkeit und unserem Entdeckerdrang entfalten? Die Welt erobern? Ganz wichtig für unsere Entwicklung: Wurden unsere Grenzen respektiert?

Durften wir Nein sagen, hat das „gehalten"? Hat uns jemand, der stabil für uns da war, gesagt: Geh nur, es gibt so viel zu entdecken! Schau dir an, was dich interessiert, hol dir, was du brauchst? Wenn ja, dann sind wir heute tendenziell frei und können gleichzeitig in einer Beziehung sehr verbunden sein, weil wir gerne bleiben wollen. Wir durften lernen, dass beides gut zusammenpasst: echte Freiheit und Sicherheit.

Oder haben wir andere Botschaften gehört bzw. erlebt? Waren etwa die wichtigsten Bezugspersonen nicht stabil für uns greifbar oder hat es womöglich geheißen: Ich mache mir Sorgen, wenn du fortgehst, ich habe Angst, dass dir etwas zustößt (in dieser großen, fremden, weiten Welt)! Wurde uns – vielleicht auch ohne Worte – vermittelt, was uns zum Teil heute noch bindet? Nur du verstehst mich, dein Papa, deine Mama kann das nicht, lass mich nicht allein? Wenn ähnliche Verstrickungen unsere Wirklichkeit waren, konnten wir uns weniger frei entwickeln und erhielten weniger Bestätigung für unsere Eigenständigkeit. Wir wurden weniger darin gefördert, uns lustvoll frei zu entwickeln und natürlich und gleichwertig mit anderen Menschen in Verbindung zu treten – ganz im Sinne von „Hier bin ich und da bist du. Wie tun bzw. kommunizieren wir gesund miteinander?" Irgendwann haben wir als Kind gelernt, dass wir hauptsächlich dann Zuwendung, Aufmerksamkeit und Liebe bekommen, wenn wir die Wünsche unserer Eltern erfüllen – mehr, als sie das mit unseren Wünschen machen, wenn wir viel Verantwortung übernehmen, uns um andere sorgen, Schutz geben, Verbündete sind etc.

In einem derartigen Umfeld gibt es weniger Gelegenheit, sich als eigenständige Persönlichkeit gesund und autonom zu erfahren, um dann freiwillig in eine neue verbindliche Beziehung zu treten. Wir kommen unfreiwillig und vielleicht auch unbewusst immer wieder zurück in diese Zeit: Ein Teil von uns ist verunsichert oder glaubt, nicht mehr liebenswert zu sein, wenn wir wirklich autonom sind und uns selbst gut versorgen. Und so verzichten viele von uns selbst als Erwachsene auf Freiheiten, um die – als Kind – überlebensnotwendige Verbindung nicht zu verlieren. In einer verstrickten, „unfreien" Liebe unterdrücken wir eigene bzw. „unkontrollierte" Gefühle, was das Erleben von Erotik eventuell nicht oder nur unter ganz bestimmten Bedingungen möglich macht. Um von außen eine Bestätigung zu bekommen, die wir nicht gelernt haben, uns innen selbst zu geben, erleben wir Sex und wahrscheinlich auch einen großen Teil unseres Gefühlslebens sozusagen im Kopf und Körper des anderen. Wir verzichten somit auch auf unsere eigene Lust, auf Genuss und Ekstase, weil sie uns Angst machen und wir mit uns selbst nicht so gut verbunden sind.

Wer von anderen Menschen auf diese Weise abhängig ist, findet immer wieder den „passenden" Partner, die „passende" Partnerin. Vielleicht jemanden, der zu wenig Liebe bekommen hat und nun überglücklich über die Fürsorge ist, oder jemanden, der selbst emotional verstrickt ist und mit dem man altbekannte Muster als vermeintlich „sicheren Ort der Geborgenheit" spüren und leben kann „wie damals" – nur dass man diese Abhängigkeiten und Muster mittlerweile nicht mehr wirklich braucht. Ein gleichwertiges Miteinander, das frei, attraktiv und sexy ist, ist so kaum möglich. Wir können diese Muster weder wegwischen noch ignorieren. Es nützt auch nichts, jemandem die Schuld daran zu geben oder zu grollen: Groll bindet uns. Wir können aber unser Verhalten und unsere Bindungsmuster ein Stück weit erkennen, verändern und unsere eigenen Gefühle und Bedürfnisse, wenn vielleicht auch in kleinen Schritten, zurückerobern. Gute psychologische Unterstützung kann hier wirklich weiterhelfen.

Aus welchem Blickwinkel betrachten wir uns selbst? Sehen wir uns – und andere – mit all den vielen wunderbaren Seiten und liebenswerten Besonderheiten? Sehen wir eher unsere Ecken, Kanten oder unsere „Schwachstellen"? Gesellschaft und Bildungssystem sind immer noch darauf ausgerichtet, schon im Kleinkindalter die vermeintlichen Schwachstellen ausfindig zu machen. Viel Aufmerksamkeit und Energie werden investiert, um damit das weniger Optimale oder sogar als mangelhaft Bewertete wenigstens durchschnittlich zu machen. Wer sagt, dass diese Bewertungen stimmen? Sind unsere „Mängel" vielleicht nur ein kleiner Teil von uns, der uns besonders herausfordert und an dem wir echt wachsen können? Oder sind sie ein Teil von uns, der eigentlich nicht wichtig ist, uns aber von außen besonders bewusst gemacht wurde?

Wie wäre es, wenn wir uns von klein auf positiv erlebt und dabei bemerkt hätten, worin wir wirklich gut sind? Wenn wir mit unseren Begabungen und Stärken einfach gesehen und vielleicht auch bestärkt worden wären? Wenn wir uns mit Freude und Begeisterung entwickeln hätten können und nicht nur wüssten, worin unsere Stärken liegen und wir vielleicht außergewöhnlich gut sind, sondern auch, worin womöglich sogar exzellent? Wenn wir tatsächlich strahlen und mit unseren Begabungen grandios sein dürften? Dann wüssten wir automatisch, wo wir besser auf die Talente anderer vertrauen sollten, statt uns mit Dingen zu quälen, die uns nicht liegen.

Ja, es wäre wunderbar, wenn wir damit aufgewachsen wären, unser Leben mit allen Sinnen, also mit Sinnlichkeit in allen Facetten, selbstverständlich zu leben. Wenn wir unseren eigenen Körper von klein auf erkunden und erfahren hätten dürfen, er uns also vertraut wäre und wir ihn mögen würden – auch wenn uns „die Wirtschaft" in die entgegengesetzte Richtung dirigieren will. Wir wären viel gesünder, genussfähiger, erholter, achtsamer, fröhlicher – freier! Aber: Wir sind, wie wir sind. Warum nicht lieben, was wir sind und haben (und dennoch wirkliche Selbstfürsorge üben und leben)?

Warum also nicht jetzt in unserem Tempo freilegen, was in uns schlummert, was so gerne gelebt werden möchte, ob strahlende Brillanz, ganz besondere Eigenheiten, Talente oder Glückseligkeit ist dabei egal, darum geht es nicht. Es geht um unsere Freude am Sein und Tun. Wie wäre es, wenn wir nicht länger hadern mit dem, was leider nicht war, sondern jetzt unser Hauptaugenmerk mit aller Freude auf unsere Stärken und Leidenschaften richten - mit welchem Selbstverständnis und Selbst-bewusst-Sein könnten wir ab heute agieren?

Wie wäre es, wenn wir jetzt auch unseren Körper annehmen, wie er ist, mit seinen vermeintlichen Makeln und ihn lieben, nähren, stützen, als hätten wir nur den einen (oh, wir haben ja tatsächlich nur diesen einen wunderbaren Körper!)?

Dem (inneren) Kind jetzt beistehen

Schon Säuglinge haben offenbar ein Verständnis von Gerechtigkeit und Gleichheit und setzen sich frühzeitig gegen Nutznießer zur Wehr. Und einjährige Kinder helfen anderen auch dann, wenn sie nicht selbst davon profitieren - das haben unterschiedliche Experimente gezeigt (u. a. Tests, die der Entwicklungspsychologe Joscha Kärtner von der Universität Münster mit 15 bis 30 Monate alten Kindern durchgeführt hat). Was wäre möglich, wenn man auf diesen wunderbaren Eigenschaften aufbauen würde? Wenn wir von klein auf ein gelingendes Miteinander leben könnten? Wenn wir lernen würden, wie man kommuniziert, zuhört, mitfühlend, aber nicht mitleidend ist? Wenn wir uns mit unseren Bedürfnissen und Emotionen spüren dürften, ohne dass uns jemand sagt, dass „es ganz anders sei" bzw. was richtige oder falsche Gefühle sind? Wenn wir spüren dürften, dass wir etwas wert sind? Wenn ein Ja neben einem Nein voll akzeptiert werden würde? Wenn wir uns also natürlich und selbst-sicher entwickeln könnten? Wie würde es uns gehen, wenn wir auch herausfordernden Gefühlen, wie Trauer,

Angst, Zorn oder Scham, gesund Ausdruck verleihen dürften und – mit all unseren Bedürfnissen – ganz ehrlich mit uns sein könnten? Wenn wir sie ausagieren könnten – durch Umarmungen, körperliche Bewegung etc.? Wenn wir gelernt hätten, diese Gefühle weder gegen uns selbst noch gegen andere zu richten? Wenn wir wüssten, dass sie zu uns gehören und da sein dürfen, wie auch Freude, Liebe, Begeisterung, Dankbarkeit, Gelassenheit. Wie wäre es, wenn wir ein liebevolles Miteinander leben, in dem es uns allen besser geht, weil wir einander unterstützen?

Das waren viele Fragen, ich weiß. Aber sollten wir uns diese nicht hin und wieder stellen? Nicht um uns zu grämen oder Schuldige zu finden, sondern um unserem inneren Kind vielleicht jetzt selbst beizustehen. Oder um es bei unseren Kindern, so gut es geht, besser zu machen?

Mein Sex, what else?

Männliche Sichtweisen – noch zeitgemäß?

Wir waren und sind in unserer Lust vielfach immer noch von männlich dominierten Maßstäben und Bewertungen geprägt und abhängig. Gerade auf „moderneren Kanälen" wie Instagram, Facebook, TikTok, Snapchat & Co scheint sich hier nicht viel geändert zu haben – zu oft fragen sich Frauen dort (wenn auch nicht direkt): Gefalle ich?

„Das Glück des Mannes heißt: ich will! – Das Glück des Weibes heißt: er will!"
Friedrich Nietzsche,
„Also sprach Zarathustra"

Nach wie vor delegieren viele Frauen die Verantwortung für die Befriedigung in ihrem Sexualleben gerne an den Mann oder die Männer. Weil wir uns mit unseren Bedürfnissen und unserer Lust noch immer nicht zeigen dürfen? Ich möchte Sie mit diesem Buch darin bestärken, die sexuell genießerische Frau in Ihnen zu ermutigen, sich zu zeigen, und Gestaltungsmöglichkeiten zu finden, um sexuell erwachsen zu agieren, das heißt für sich selbst gestalten zu können.

Wir können heute maßgeblich selbst dazu beitragen, dass wir unsere Lust und unsere Sexualität für uns passend und wohltuend frei gestalten. Sodass wir auch Männer dazu einladen können, ihre Sexualität frei von Monotonie, Performance und Leistung, Pornowahn und Konsumrausch zu entdecken – im Sinne aller!

Männer unterwegs

Denn eines dürfen wir nicht übersehen: Immer mehr Männer befinden sich heute in einem totalen Wandlungsprozess und sind in ihren Rollen mehr als verunsichert. In vielen Bereichen ist nichts mehr, wie es einmal war, nichts mehr selbstverständlich.

Neue Verhaltensweisen müssen gelernt werden, weil die alten, über lange Zeit gewachsenen und anerkannten, nicht mehr passen. Frauen brauchen Männer oft nicht mehr „grundlegend" als Beschützer oder Versorger, welche Rolle kann und will der Mann da spielen? Machos sind nicht mehr gefragt, Softies auch nicht (was wollen wir)?

Dennoch haben immer mehr Männer den Mut, selbstbewusst, offen, neugierig und abseits aller Performance Frauen psychisch, emotional und körperlich nackt zu begegnen. Viele suchen und finden neue Wege und vielfältigere Möglichkeiten, ihr Mann-Sein ganz anders und viel individueller zu leben und zeigen ihren Selbstwert, ihre Sicherheit durch neue, nicht klassisch „archetypische" Muster.

Apropos – was ich hier noch gesagt haben will: Halleluja, ich freue mich über jeden Mann, mit dem ich arbeiten darf, der ein ehrliches Interesse daran hat, dass die Frau, mit der er seine Sexualität kurz-, mittel- oder langfristig teilen möchte, ihr individuelles, lustvolles, sexuelles Wesen entfalten kann. Am besten gelingt das, wenn der Mann sich auch weiterentwickelt und in seiner Rolle sicher und wertgeschätzt fühlt. Selbstsicherheit tut uns allen gut, da sind wir einander ganz ähnlich.

Danke, Papst Franziskus!

Und weil wir gerade bei Männern sind: In den allermeisten Glaubensgemeinschaften sind sie der bestimmende Part, während das „Frauenbild" oft mehr als antiquiert ist. Auch in unseren Tagen fördern Religionen die freie Entwicklung der Frau und – vor allem – ihre selbstbestimmte und gesunde Sexualität „eher nicht". In vielen Kirchen herrscht nach wie vor die Meinung, Sexualität diene ausschließlich der Fortpflanzung – dabei ist sie ein so wichtiger Faktor für ein Wohlbefinden, das alle Aspekte des Menschseins umfasst.

Erst im September 2018 gab es so etwas wie eine Art „Sanctus" der katholischen Kirche, als Papst Franziskus vor einer Gruppe französischer Studenten sagte: „Sex ist eine himmlische Gabe. Die Sexualität, der Sex, ist ein Geschenk Gottes, kein Tabu." Na, es wurde aber auch Zeit!

Klarer Grundsatz – wir wollen miteinander

Ja, es gibt Unterschiede zwischen den Geschlechtern, dem Himmel sei Dank. Es geht aber in keiner Weise darum, gegen Männer zu agieren oder sie zu bewerten – ganz im Gegenteil. Unsere geschlechterspezifischen oder ganz individuellen, vom Geschlecht unabhängigen Stärken machen Reibung, Entwicklung und Anziehung aus. Wie einfach darf umdenken funktionieren? Die immer noch andauernde Berichterstattung in den Medien mit Überschriften wie „Warum es einfach nicht klappen kann mit Männern und Frauen" wollen wir mittlerweile alle nicht mehr hören oder lesen. Da werden nur künstlich Gräben aufgerissen, die letztendlich nichts anderes als weh tun.

Um wie vieles reicher würde eine Kultur sein, in der Gleichberechtigung auch im Sexuellen gelingt, fragt Svenja Flaßpöhler in ihrem Buch „Die potente Frau" – wir bräuchten zwei (oder mehr) Geschlechter, die sich in der Fülle begegnen können.

Warum Sex politisch ist

Wir brauchen – auch gesellschaftspolitisch – keine mächtigen Männer bzw. keine erprobten männlichen Strukturen mehr, die uns kontrollieren. Im Grunde ist jedes Gesetz, das zum Schutz der Frauen erlassen wird, zwar gut gemeint, es unterstellt den Frauen jedoch auch, dass sie nicht in der Lage sind, auf sich selbst zu achten. Und es sagt zudem, dass manche Menschen ihre Triebe nicht kontrollieren können. Auf der anderen Seite ist es oftmals immer noch die Frau, die „zu erotisch" angezogen, „eh auch erregt" war, wenn ein Übergriff passiert. Immer noch wird versucht, der Frau die Verantwortung für den unbeherrschten Trieb eines Mannes überzustülpen. Verkehrte Welt.

Was brauchen wir wirklich? Jetzt ist „eine gute Zeit", in der wir Frauen uns deutlich mehr (zu-)trauen können und sollen.

Ein Resümee

In vielen Teilen der Welt haben Frauen heute aufgrund sozial- und gesellschaftspolitischer Gegebenheiten und einer besseren (Aus-)Bildung Möglichkeiten, selbst für sich wählen und sorgen zu können. Über weite Strecken des Lebens (Babypausen oft ausgenommen!) sind wir in der Lage, unseren Lebensunterhalt selbst zu verdienen bzw. einen essenziellen Teil zum Unterhalt der ganzen Familie beizutragen. Es gibt für uns keine zwingenden oder logischen Gründe mehr, sich unterzuordnen oder abhängig zu sein und so bieten sich jetzt in vielen Teilen dieser Welt gute Gelegenheiten und Möglichkeiten, ein neues, gesundes und viel freieres Miteinander zu gestalten – im Sinne aller. Wenn wir einander unterstützen, fördern und fordern, geht es beiden Seiten gut. Freude und Liebe vermehren sich bekanntlich beim Teilen.

Sandra Konrad („Das beherrschte Geschlecht")
meint, dass die Sterne jetzt gut stünden: Die Frau
von heute habe vielleicht zum ersten Mal in der
Geschichte die Macht, sich von Minderwertigkeiten
und verschriebenen Normen zu lösen. Beide Geschlechter würden davon profitieren, wenn sie dies
tatsächlich wage und tatsächlich tue.

Wirtschaftszweig Sexualität

Heute begegnet uns Sexualität allerorten. Werbung und Medien präsentieren uns dabei Normen, die wir kaum erfüllen können – ohne oder nur mit diversen Hilfsmitteln, die wir bitte kaufen sollen: Sex ist zu einem mächtigen Wirtschaftszweig geworden. Mit unseren Gelüsten, Bedürfnissen, Meinungen und Wünschen hat das alles aber nur mehr wenig zu tun. Das, was uns da in Hülle und Fülle ungefragt serviert wird, lenkt uns unter Umständen gut davon ab, uns selbst zu spüren und zu erleben.

Ständig wird uns vor Augen gehalten, wonach wir uns richten sollen, wenn wir – bis zu einem gewissen Grad – dazugehören wollen. Glauben wir, was uns suggeriert wird, leben wir in der „Pseudo-Perfektionsblase" des Konsums, die uns vorgaukelt, dass wir uns gute Gefühle, Wohlbefinden und Schönheit kaufen können. Auf all diese Verführungen springt unser inneres Belohnungssystem an. Weil unsere Zeit stets knapp ist, sollen auch Belohnungen rasch verfügbar sein. Die vermeintliche Zeitknappheit, die uns im Sinne der Wirtschaft halbwegs „funktionieren" lässt, kann uns jedoch immer weiter von unseren Bedürfnissen wegführen.

Mit einer „Wisch-und-weg"-Einstellung werden sogar Beziehungen zur „Dienstleistung" degradiert, die gewisse Kriterien erfüllen muss, man denke nur an die vielen Partnerbörsen – Tinder und all die anderen Plattformen.

Wir wissen sofort Bescheid

Wie der deutsche Psychologe Gerd Gigerenzer in seinem Buch „Klick" ausführt, haben online operierende Partnerinstitute trotz aller Versprechungen aber nur eine Erfolgsquote von rund fünf Prozent. Auch wenn es sich also weiterhin lohnen würde, nicht nur Algorithmen zu vertrauen, sondern mit offenen

Augen und neugierig durchs Leben zu gehen, machen sich viele nicht mehr die Mühe, jemanden mit all seinen Schichten wirklich kennen zu lernen, sondern glauben, gleich beim ersten realen oder auch nur virtuellen Treffen „definitiv Bescheid zu wissen" – darüber, wie eine sinnliche, erotische Liebe beginnt, besser gesagt, wie sie beginnen sollte (auch die Filmindustrie zeigt uns allerorten, wie Liebe starten und sein soll: romantisch, leidenschaftlich, für immer – allerdings endet beinahe jeder Film dort, wo das wahre Leben beginnt). Viele erwarten nicht nur „love at first sight", also dass die Chemie sofort stimmt und bereits die erste Begegnung das Besondere verspricht, sondern „fordern" auch schon vor dem ersten Treffen ausreichend Wissenswertes.

In jedem Fall muss es schnell gehen, weil wir ja davon überzeugt sind, keine Zeit zu haben. Eigenheiten, Andersartigkeit und vermeintliche Makel passen nicht ins perfekte Bild, der Mensch umgibt sich ja gerne mit Gleichgesinnten. So wird die eigene Lebenseinstellung nicht hinterfragt, wir fühlen uns in unseren Ansichten, Lebenseinstellungen, unserem Sein bestärkt und vermeintlich sicher.

Die Generation Porno und ihre Mythen

Heute ist es in erster Linie auch die Pornoindustrie, die ständig neue Mythen schafft: Frauen kommen nur durch wilden Geschlechtsverkehr, Analverkehr ist ganz normal, wer nicht mitmacht, ist verklemmt, Männer spritzen immer weit, alle Frauen lieben Oralsex und Schlucken, Gefühle und Sex müssen nichts miteinander zu tun haben, Blasen ist ein Freundschaftsdienst, das kann frau immer, das ist kein Sex, Gruppensex ist normal, Männer können mindestens dreimal hintereinander entladen, die moderne, aufgeschlossene Frau macht alles mit ... Sie und ich wissen: Diese Liste könnte noch sehr viel länger werden und entspricht oft nicht unseren Wahrheiten.

In der Pornoindustrie (einer der mächtigsten Industriezweige der Welt) spricht man mittlerweile relativ offen darüber, dass in Filmen bereits sehr viele Dinge üblich sind, die weit außerhalb unseres „normalen" Horizontes liegen, und dass es inzwischen immer mehr braucht, um dem Wunsch nach dem Kick gerecht zu werden. Man schaue, wie weit man gehen könne, meint etwa Max Hardcore, ein bekannter Produzent von Gonzo-Pornografie, einer Aneinanderreihung von Hardcoreszenen, in deren Zentrum Praktiken wie Analverkehr, Deep Throating mit Würgen, das Verabreichen von Schlägen etc. stehen. Dadurch „produziere" man Kunden, die immer mehr Härte, immer mehr Fetisch wollen. Schlussendlich kann es hier auch zu einer Art Suchtverhalten kommen. Sucht heißt, ich genieße nicht mehr (was auch immer), sondern ich brauche etwas. Und von diesem Etwas dann immer mehr, immer mehr ... Aus verschiedenen Erregungswegen wird manchmal ein bestimmter, der sich tief eingräbt und aus dem es schwer ist, wieder herauszufinden. Es kann sein, dass aus einer Gewohnheit „zwanghaftes Sexualverhalten" entsteht (in eine ähnliche Richtung wirkt die Sextoy-Industrie, die uns mit immer neuen Spielzeugen verführen möchte). Ganz direkt gefragt: Kann das zu mehr genussvoller Sexualität führen, in der wir uns selbst und einander intim und nahe spüren können, also zu einem Miteinander-Gestalten, das allen Beteiligten wirklich Freude macht?

Wo bleibt die Fantasie?

Wie viel Neues braucht es, was sorgt für den zusätzlichen Kick? Erotikbranche und Pornoindustrie leben von der Tatsache, dass wir uns besonders lebendig fühlen, wenn wir auch auf der erotischen Ebene Neues und Überraschendes erleben. Mit den Produkten dieser Branche und Industrie können wir rasch und unkompliziert „lebendige Eindrücke" konsumieren, ohne sie jedoch selbst kreieren oder gar erleben zu müssen. Kann da eine reale Frau, ein realer Mann noch genügen? Die eigene Vorstellungskraft wird faul – lieber halten wir uns an die Fantasien anderer Menschen, als selbst auf Fantasiereise zu gehen. So bekommt uns dieser Industriezweig immer mehr in den Griff, wir wollen mehr, wir wollen es härter, brutaler, spezieller ...

Von einer lustvollen, sinnlichen Hingabe, vom leidenschaftlichen oder liebevollen Erkunden der eigenen Bedürfnisse im erotischen Spiel, dem mutigen Sich-Zeigen und Ausprobieren sind wir hier meilenweit entfernt – Pornografie kann Sexualität von sämtlichen emotionalen Bedürfnissen und Bindungen entkoppeln. Intimität, Nähe, Vertrauen, Hingabe können wir nicht konsumieren oder kaufen. Wir können sie jedoch genießen – und damit auch gute intensive Sexualität in allen Facetten. Pornos können inspirieren, anregen, geil machen. Aber sie können nur ein Teil des großen Kuchens „Sexualität" sein. Sie sind Spielfilme und kaum etwas, das real so funktioniert. Auch hier gilt: Die Dosis macht das Gift.

Pornos lassen uns abstumpfen

Ich möchte Pornos oder andere Hilfsmittel keineswegs verurteilen oder ausschließlich negativ bewerten, aber ich will darauf hinweisen, dass sie gewisse Möglichkeiten, um nicht zu sagen „Gefahren" bergen: Der übermäßige Konsum von immer brutaler werdenden Pornos, aber zum Beispiel auch von High-Performance-Vibratoren können uns in Bezug auf unsere Erregbarkeit oder unsere Liebesbedürfnisse, die mit Sexualität verknüpft sind, abstumpfen lassen. Pornos und dazu die immer gleichen Bewegungen in der Selbstbefriedigung „trainieren" den Körper geradewegs in Richtung einer einzigen Erregungsmöglichkeit – unsere Sinne stumpfen ab und verlernen – die Wege zur Erregung werden zu den immer gleichen, monotonen, zielorientierten ...

Schon längst gibt es Vibratoren, die uns versprechen, dass sie uns in wenigen Minuten oder gar Sekunden einen Orgasmus schenken. Das klingt für manche Frauen vielleicht ganz toll, vor allem für jene, die noch nie einen Orgasmus hatten oder keinen aufmerksamen Liebhaber kennen, der sie bisher dabei unterstützt hat, ihre Wege der Lust zu entfalten. Es kann uns allerdings für Berührungen mit den Fingern oder dem Mund, den Lippen oder der Zunge eines anderen Menschen immer unsensibler machen (eine erfahrene Frau hat mir erzählt: wow, das funktioniert immer, auch mehrfach, ich muss wirklich aufpassen, dass ich meinen Körper damit nicht „auf die eine Spur" bringe – es ist doch auch sehr schön, mit dem richtigen Menschen Sexualität ganz ohne Spielzeug genießen zu können). Ein natürlicher Reiz ist so viel geringer: Die Natur kann unter Umständen gar nicht mehr mit, das sinnlich-erotische Spiel geht verloren. Und das wäre doch schade, finden Sie nicht?

Die einzige Spielvariante?

Olga, 39, seit zehn Jahren verheiratet, vertraute sich mir in ihrer Verzweiflung an. Ihr Mann Patrick, 44, könne seit einiger Zeit nur noch Sex mit ihr genießen, wenn er immer brutaler zu ihr wurde. Längst war da keine Zärtlichkeit, nichts Liebevolles mehr.

Anfangs war es eine neue Spielvariante gewesen, mit der Zeit dann die einzige. Sie „musste" sich und ihren Körper zur Verfügung stellen, während er sie immer härter anfasste, festband oder teils recht bestimmt „verwendete". Ihr Mann brauchte immer „mehr", um eine Erektion zu bekommen. Es war ein schleichender Prozess, anfangs versuchte Olga noch, ihre Bedürfnisse zu zeigen, doch mit der Zeit wurden diese immer weniger berücksichtigt. Sie war alles andere als glücklich – aber sie liebte ihren Mann.

Irgendwann passierte etwas für Olga völlig Unvorstellbares: Bei einem Klassentreffen traf sie einen alten Schulfreund wieder, der lustige, unbeschwerte Abend endete mit einer wilden Schmuserei.

Olga empfand dabei längst Vergessenes – die Lust auf Sinnlichkeit, Unbeschwertheit, Zärtlichkeit, ein neugieriges Miteinander. Tage später traf sie den Freund wieder – und genoss seit langem wieder einmal lustvolle Sexualität, ganz anders als „zu Hause". Es war ein Weckruf, ein Alarmknopf, der gedrückt wurde – eine tiefe Sehnsucht, die zum Vorschein kam.

Für Olga war klar, dass sie ihren Mann Patrick liebte und mit ihm leben wollte – allerdings mit einer Sexualität, die beiden Freude machte. Durch das Abenteuer mit dem alten Freund wurde sie an die lustvolle Frau erinnert, die sie war. Das war der Zeitpunkt, an dem sie zu mir in die Praxis kam. Zu einem ersten Gespräch zwischen den Eheleuten war es bereits gekommen. Olgas starke Kraft war spürbar, die tiefe Sehnsucht, Sexualität in der Ehe leben zu wollen, die bestehende deutlich zu verändern. Würde das möglich sein?

Es war möglich – denn sowohl Patrick wie auch Olga waren gewillt, etwas zu verändern. Beide holten sich Unterstützung in der Sexualberatung bzw. Sexualtherapie. Der Prozess dauerte eine Zeitlang, Patrick lernte, neben der eingeübten Erregungsmöglichkeit auch wieder andere zu entwickeln. Es war nicht immer einfach, manchmal fehlte die Geduld und die alten Muster drohten wieder Überhand zu nehmen. Wichtig war es, Olga parallel darin zu bestärken, ihre sexuellen Bedürfnisse mehr und mehr zu integrieren, was ihr immer besser gelang. Inzwischen genießen Patrick und Olga ihre Sexualität wieder deutlich mehr und vor allem gemeinsam – in den verschiedensten Varianten.

Oder doch lustvolles, authentisches Empfinden?

Auch wenn es an dieser Stelle vielleicht anachronistisch wirkt: Ein wohltuender Gegentrend zur raschen Konsumation von Orgasmen, womöglich nach immer denselben Mustern und Gewohnheiten, ist die Entwicklung in Richtung Sensibilisierung, hin zum Spüren dessen, was jetzt da ist, und auch der bewussten Entscheidungen für ein lustvolles Empfinden. Auf diesem Weg sind sicherlich etwas mehr Aufmerksamkeit sowie eine bewusste Auseinandersetzung und Ausdauer hilfreich. Letztere hat hier aber nichts mit Geschwindigkeit, sondern vielmehr mit Achtsamkeit und Bewusstsein zu tun. Um Ihre Lust und Ihre Sinnlichkeit zu intensivieren, ist es hilfreich, dass Sie sich selbst gut wahrnehmen. Das geschieht vielleicht nicht sofort und auf Knopfdruck, dafür aber nachhaltiger und authentischer. Diese Empfindungen lassen sich nicht machen, kaufen oder downloaden und auch nicht schnell einmal schlucken. Wir können sie einladen, aber nicht bestellen. Es gibt jedoch durchaus Anregungen und Spielvarianten, die eine lebendige und ganzheitliche Sexualität fördern. Hilfsmittel mögen dazu dienen, unsere Empfindungen zu verstärken und uns Möglichkeiten der Entfaltung zu eröffnen.

Wer auf die Natur vertraut, findet einen reichen Schatz an Kräutern, Wurzeln und Gewürzen, die unseren Körper anregen, indem sie ihn zum Beispiel erwärmen, also besser durchbluten, sensibilisieren oder entspannen. Auch hier braucht es oft erst Frust, dann einen Wunsch, eine Entscheidung, Geduld und ein gutes Körpergefühl. Es gibt einige Bücher, die Ihnen dabei helfen können, einen natürlichen Zugang zu wählen, so etwa Ursula Asamers „50 Shades of Green".

Sexualität und sexuelle Kompetenz sind erlern- und ein Leben lang erweiterbar

Halten Sie sich immer wieder vor Augen: Auch wenn wir oft glauben, nach bestimmten Mustern, Erwartungen oder gar „(pornografischen) Normen" funktionieren zu müssen, ist Porno-Sex nur ein Stück des Kuchens und vor allem ein Spielfilm, eine Inszenierung, die oft wenig mit der Realität zu tun hat. Das pornografische Angebot ist ein Teil von Sexualität – und meist nicht das, was wir real erleben wollen. Natürlich kann es inspirierend sein, aber unter Umständen bringt es uns auch weit weg von unseren ureigenen Wünschen. Viel schöner wäre es doch, wenn wir in einer Liebesbeziehung sind, selbstbewusst eine gesunde Interaktion und sexuelle Kommunikation zu kreieren, also ein lustvolles Spiel mit jemand anderem zu genießen, auch abseits der puren Befriedigung unseres Sexualtriebes. Manchmal ist es auch wunderbar, je nach Lust und Laune, sich ganz einfach dem sexuellen Spiel hinzugeben.

Viele Frauen haben keinen positiven und natürlichen Zugang zu ihren Bedürfnissen, sie sind verunsichert, weil alles ein bisschen unklar und „verborgen" zu sein scheint. Ich hoffe sehr, Sie können trotz des Überangebots an sexuellen Zerrbildern für sich herausfinden, wie Sie Ihre Sexualität persönlich freudig gestalten wollen. Ich wünsche Ihnen, dass Sie lustvolle Erlebnisse haben, dass Sie wissen, wie Sie mit Ihren teilweise vielleicht überwältigenden Gefühlen oder Gelüsten umgehen, wie Sie Ihre Lust steigern, wie Sie verführen können. Und ich wünsche mir, dass wir uns alle ein seriöses, nicht bewertendes sexuelles Wissen, Lust- und Verführungskompetenzen ganz selbstverständlich aneignen können und dass wir dabei achtsam mit unseren Befindlichkeiten und Bedürfnissen umgehen. Schön wäre es, wenn die sexuellen Handlungsspielräume Erwachsener so gefördert werden, dass sich gesunde, lebendige Sexualität ein Leben lang entfalten kann, dass sie so gelebt wird, wie sie uns guttut. Dies nennen wir sexuelle Bildung, ein zu lange vernachlässigter Bereich!

Gut im Bett sein

Immer öfter kommen - auch sehr - junge Menschen zur Sexualberatung. Sie sind verunsichert, weil sie ihre Sexualität real ganz anders leben möchten, aber oft nicht wissen wie. Viele bemerken, dass Sex sehr hohl sein kann, wenn es nur um raschen Konsum geht, wollen aber dennoch gefallen, „gut im Bett" sein und mitspielen.

Eine zwanzigjährige Klientin durfte ich bei der Erforschung ihrer Bedürfnisse unterstützen – und auch dabei, „mutig" zu werden, um ihrem Freund zeigen und sagen zu können, was sie wirklich wollte. Die beiden waren schon seit zwei Jahren zusammen und Sexualität hatte stets geheißen: Küssen mit folgendem Geschlechtsverkehr. Er wünschte sich auch für seine Freundin Orgasmen, hatte aber keine anderen Bilder im Kopf. Letztendlich brauchte es nicht viel, um die beiden zu ermutigen, sich gegenseitig neugierig und zärtlich zu „erforschen". Die junge Frau erblühte und ihr Freund war unendlich dankbar dafür, lernen zu können. Wären doch mehr junge Menschen so mutig!

Sandra Konrad meint, dass bei jüngeren Frauen die Lust des Partners vor der eigenen stünde, auch wenn sie offener über ihre sexuellen Erfahrungen sprechen würden. Sex ohne Intimität, also sogenannte „Freundschaft plus", sei weit verbreitet. Dabei habe die „neue Frau" so zu sein wie der „alte Mann" – und zwischen Gefühlen und Sex eine feinsäuberliche Trennlinie zu verlaufen. Ältere Frauen würden ihre Wünsche und Grenzen selbstbewusster vertreten – verliebten sie sich aber neu, dann würden auch sie sich erst einmal der Norm unterwerfen.

Eine kleine Standortbestimmung

Seien Sie ehrlich: Wo befinden Sie sich jetzt?

Ich habe hier für Sie einen ganzen Fragenkatalog zusammengestellt. Picken Sie sich heraus, was für Sie jetzt wichtig ist, es geht keinesfalls darum, alle Fragen abzuarbeiten – außer, Sie haben Lust dazu.

Widmen Sie sich jetzt einmal ganz ehrlich sich selbst. Gönnen Sie sich etwas ungestörte Zeit und lassen Sie sich auf ein paar Fragen ein. So können Sie klarer erkennen, wo Sie gerade stehen, von wo aus Sie sich auf den Weg machen – und auch wohin Sie eigentlich wirklich möchten: Schließlich beginnt jede noch so kleine Veränderung mit einer Erkenntnis und der Bestimmung des eigenen Standortes.

Nehmen Sie die folgenden Fragen als Inspiration: Wählen Sie das aus, was für Sie wichtig sein könnte und/oder folgen Sie der Spur, auf die Sie geführt werden – zu vielleicht ganz anderen Fragen, die in Ihnen angestoßen werden.

» Wie, denken Sie, ist Ihr Zugang zur Sexualität generell?
» Was gefällt Ihnen an Ihrem Sexleben – so, wie es gerade ist?
» Wie erleben Sie Ihre eigene Sinnlichkeit, wobei können Sie genießen?
» Was wünschen Sie sich, worauf freuen Sie sich?
» Was fehlt Ihnen in Ihrem Sexualleben, was vermissen Sie?
» Empfinden Sie vielleicht innere Leere oder sträubt sich etwas in Ihnen, wenn Sie an Ihr aktuelles Sexualverhalten denken?
» Worauf verzichten Sie bewusst?
» Was genießen Sie an Ihrer derzeitigen Situation? Was müssten Sie womöglich aufgeben, wenn Sie etwas verändern?
» Was ist zum Beispiel gut an Ihrer Situation, vielleicht Ihrer Lustlosigkeit?
» Wovor schützt Sie Ihre jetzige Situation, Ihre Komfortzone? Vor Nähe oder vor Gefühlen, die schmerzhaft sein könnten?
» Was macht das mit Ihrer Beziehung?

» Was wäre möglich, wenn Sie wieder mehr oder auch weniger Lust empfinden würden, oder wie möchten Sie sich gerne wieder spüren?

» Wovon träumen Sie? Waren diese Träume schon einmal Wirklichkeit? Wann? Was müsste sein, damit Sie tatsächlich „dranbleiben", wieder in Ihren vollen Genuss kommen?

Nehmen Sie sich Zeit und notieren Sie, was Ihnen einfällt, in aller Ruhe. Lesen Sie das Ganze in ein paar Tagen wieder durch und, so Sie mögen, auch noch einmal oder immer wieder, wenn Sie dieses Buch zu Ende gelesen haben.

Wenn Sie zu Ihren Notizen greifen: Bei welchen Punkten springt etwas in Ihnen besonders an? Finden Sie aus den Gründen FÜR Ihren Weg jene heraus, die Sie tief berühren und motivieren. Vielleicht ist es nur ein einziger Grund, der richtig „zieht", vielleicht sind es mehrere. Wichtig ist, herauszufinden, wofür es sich wirklich lohnt, die eigene Komfortzone zu verlassen. Was macht Ihnen wirklich Lust auf mehr, was bringt Sie in Bewegung, hat eine ganz besondere Sogwirkung?

Es geht keineswegs darum, alles zu wissen oder eine klare Skalierung festzulegen, auch wenn das vielleicht in Ihrem Kopf herumspukt. Nichts muss jetzt sein. Heute geht es darum, eine konkretere Ahnung von Ihren Sehnsüchten, Ihrem „Ziel" zu bekommen und herauszufinden, was Sie dort erleben möchten und wie. Träumen Sie von mehr Sex? Anderen Möglichkeiten beim Sex? Sind es intensivere Gefühle? Mehr Zeit, Nähe, Unbeschwertheit mit Ihrer Liebe? Wollen Sie einfach öfter „richtige Lust" empfinden? Was wäre möglich, wenn Sie Ihren Wünschen etwas näherkämen? Wie ginge es Ihnen dann? Was wäre alles möglich? Und welche Ideen haben Sie, um diese Wünsche Wirklichkeit werden zu lassen? Was haben Sie bisher dafür getan? Ist es Ihnen hin und wieder bereits gelungen, gemäß Ihren Wünschen zu leben? Wenn ja, wann, wie und wie oft? Was würden Sie jetzt tun, wären Sie jetzt bereit zu verändern, um das zu leben, was Sie gerne leben wollen? Woran würden Sie eine erste Verbesserung bemerken?

Nützen Sie die Strategie der kleinen Schritte. Jeder kleine Schritt in die Richtung, die Sie einschlagen wollen, bringt Sie weiter. Oft erscheint uns der Berg zu hoch, der Weg zu weit und wir verharren im Nichtstun. Das frustriert. Die Frage könnte immer lauten: Welcher kleine Schritt ist für mich heute möglich? Und, schwups, schon sind Sie ein Stück des Weges gegangen.

ERWARTUNGSHALTUNG: WAS IM KOPF BEGINNT

Glaubenssätze und innere Regeln

Wir können nicht ganz frei agieren – unsere Gene, was wir erlebt haben und was die Gesellschaft bestimmt, all das lenkt uns in diese oder jene Richtung. Und so leben wir nach bewussten und zu einem Gutteil auch unbewussten Ansichten, Prägungen, Regeln oder Mustern, die uns gefangen halten und uns sagen, woran wir glauben und was richtig oder falsch für uns ist.

Manche der Dos und Don'ts tun uns gut, stärken uns, lassen uns wachsen, andere halten uns klein oder machen uns unbeweglich. Manche bemerken wir, einige mögen wir. Manche würden wir, um sie ablegen zu können, gerne erkennen, andere wollen oder können wir nicht wahrnehmen, weil zum Beispiel zu viel Schuld oder Scham, möglicherweise auch Angst dahinter verborgen ist. Vielleicht gelingt es Ihnen, sich zu sagen: Es ist gut, wie es jetzt ist. Ich kann aber auch mehr Gestaltungsspielraum bekommen, wenn ich achtsam und bewusst in mich hinein- oder wohlmeinenden Menschen zuhöre. Wollen wir uns diesem Gestaltungsspielraum hier widmen?

Die Lammkeule

Ein junges Paar verbringt seine ersten Weihnachten in der gemeinsamen Wohnung. Sie, Linda, möchte das traditionelle Weihnachtsessen ihrer Familie zubereiten, er, Tom, freut sich sehr darauf, hat er doch schon viel von der „berühmten" Lammkeule gehört. Gemeinsam werkeln die beiden in der Küche, die Keule ist mariniert und fast schon auf dem Weg in den Backofen. Linda holt eine Tranchierschere aus der Lade und beginnt, den Knochen am schmalen Ende der Keule abzuzwicken. Tom sieht ihr verwundert zu und fragt: „Warum machst du das?" Linda lacht: „Unser Familiengeheimnis – meine Mama und meine Oma machen es genauso. Das letzte Stück vom Knochen muss weg, ich habe aber keine Ahnung, warum." Die Keule wandert in den Ofen. Jetzt ist Zeit, bei der Mama nachzufragen, aber die weiß auch nicht Bescheid: „Die Oma hat's halt auch so gemacht." Als die Oma dann die Frage hört, lacht sie herzlich: „Deine Mutter und du, ihr macht das beide auch? Das ist ja zu komisch! Weißt du, Linda, unsere Keule musste seinerzeit richtig groß sein und viele Menschen satt machen. Selbst meine größte Ofenpfanne war aber zu kurz dafür und so habe ich, damit der Saft nicht in den Ofen tropft, immer das letzte Stück vom schmalen Knochen abgesägt."

Das Unbewusste erkennen

Diese kleine Geschichte zeigt: Wir setzen Handlungen zum Teil ganz automatisch – weil wir es eben (nur?) so kennen. Irgendwann hatten die Dinge möglicherweise auch einen Sinn, aber sind sie auch heute noch sinnvoll?

Manche unserer Gewohnheiten, eingelernten Verhaltensmuster oder Strategien sind in Wirklichkeit nutzlos geworden oder sogar unsinnig. Vielleicht haben wir als Kind gelernt, dass wir nur dann Liebe und Aufmerksamkeit bekommen, wenn wir ganz brav, sehr klug oder besonders hilfsbereit sind, wenn wir schauen, dass es der Mama gut geht, dass der Papa fröhlich ist usw. Damals war das wahrscheinlich wichtig – um die Zuwendung zu bekommen, die wir brauchten, war es vielleicht sogar lebensnotwendig für uns. Aber welche dieser Strategien, Ansichten, Muster brauchen wir heute noch? Haben wir schon viel zu lange nicht mehr auf unsere heutigen Bedürfnisse, auf uns selbst geachtet?

Mein Sex, what else?

Einiges wird uns nie bewusst, vieles nur durch eine andere Herangehensweise, durch besondere Aufmerksamkeit oder den „Außenblick" anderer Menschen. Wenn wir bemerken, dass etwas nicht mehr zu uns passt und wir uns damit unwohl fühlen, dann haben wir eine Aufgabe: Es ist ein wichtiger und mutiger Schritt, sich offen einzugestehen, dass Änderungen „Not-wendig" sind, wir also die Not wenden, wegwenden wollen. Was passiert, wenn wir hinsehen und Klarheit finden?

Was denken Sie?

Mit welchen Erwartungen ans Leben, an die Liebe, an die Sexualität gehen Sie durchs Leben? Wie viel sexuelle Lust erlauben Ihnen Ihre Erziehung, Ihre innere Kritikerin oder Ihr Unterbewusstsein? Wie viel Hingabe darf es für Sie sein, wie viel Kontrollverlust? Was haben Sie im Laufe Ihres Lebens alles gehört, gelesen oder erlebt, das Ihnen vermittelt hat, wie Sie Lust und Hingabe zu bewerten haben? Steht Ihnen Ihrer Meinung nach freie und lustvolle Sexualität überhaupt zu?

Manche unserer Ansichten hindern uns nachhaltig daran, selbstbewusst und leidenschaftlich zu lieben bzw. zu vertrauen oder uns fallen zu lassen: So glauben manche Frauen, dass sie sexuell funktionieren müssen, um den anderen oder die andere zu befriedigen, manche fühlen sich nicht schön genug oder denken, dass sie ihre Lust und Geilheit nicht zeigen dürfen – wurde dies doch noch vor gar nicht allzu langer Zeit als „nicht damenhaft", als „schlampig" gesehen (was für ein Jammer!).

Versuchen Sie, sich daran zu erinnern: Welche hinderlichen Glaubenssätze haben Sie gehört? Was dürfen Sie, wenn Sie „anständig" oder „brav" etc. sein wollen, was nicht? Die meisten von uns finden da einige Sätze in ihrem „Rucksack". Nehmen Sie sich Zeit, picken Sie einen Satz (nach dem anderen) heraus und durchleuchten Sie ihn (diese Methode wurde nach „The Work" von Byron Katie entwickelt). Nehmen Sie ihn mit folgenden Fragen unter die Lupe:

» Ist das wirklich wahr? Objektiv betrachtet und zu hundert Prozent?
» Wer sagt das?
» Wie geht es mir, wenn ich das denke? Fühle ich mich dabei wohl?
» Was wäre, wenn das Gegenteil genauso wahr wäre?
» Wie geht es mir, wenn ich das Gegenteil denke?

Einen Satz zu durchleuchten ist eine intensive Sache. Lassen Sie den dadurch eingeleiteten Umdenkprozess setzen - nehmen Sie sich Zeit dafür.

Unsere Gedanken können wir vielleicht nicht mit einem Aha wegwischen, aber wir können ein paar neue, freiere „einpflanzen".

Sehr viel mehr Realität - und Spielraum

Die Hirnforschung hat herausgefunden, dass wir von den rund elf Millionen Bit an Informationen, die in einer Sekunde auf uns einprasseln, lediglich 40 Bit bis maximal 100 Bit bewusst wahrnehmen. Es gibt also tatsächlich unglaublich viel mehr Realität und es gäbe sehr, sehr viel Spielraum, um den eigenen Blickwinkel zu weiten, zu schärfen und zu verändern. Denken

Gedanken → Fokus → Gefühle → Handlungen → Reaktionen → Ergebnisse → Bestätigung

Sie nur daran, was Sie alles instinktiv erfassen, wenn Sie in einen Raum kommen. Sie fühlen sich dort sofort wohl (oder unwohl), weil Sie spüren, welche Stimmung gerade in der Luft liegt.

Im Alltag stoßen wir oft genau auf das, was wir gerade suchen oder aber vermeiden wollen, also auf das, worauf wir unseren Fokus legen. Möchten Sie keine Grippeviren abbekommen, sehen Sie an jeder Ecke einen verschnupften Menschen. Möchten Sie hingegen Ihre Gesundheit stabilisieren und fördern, so suchen Sie nach Möglichkeiten dafür, bewegen sich vielleicht mehr oder ernähren sich gesünder. Was suchen Sie? Sehen Sie, wenn Sie allein und traurig sind, nur fröhliche, lachende Menschen? Sind Sie schwanger oder wollen Sie schwanger werden und haben Sie das Gefühl, nur Babys zu sehen?

Die durch Erziehung, Erfahrungen und die Gesellschaft geformten Prägungen, nach denen wir leben, und die Menschen, mit denen wir uns umgeben, setzen uns eine „Brille" auf: Wir glauben, dass die Welt ist, wie wir sie sehen, dabei haben wir sie nur durch diese Brille betrachtet.

Die Welt ist so, wie wir sie denken.
Das klingt seltsam?

Der Fokus und das Drumherum

Nehmen Sie sich etwa zwei Minuten Zeit und versuchen Sie, die grünen Dinge, die Sie im Blickfeld haben, ausfindig zu machen. Welche Schattierungen dieser Farbe entdecken Sie? Blattgrün, Pastellgrün, ein kühles Flaschengrün, ein warmes Olivgrün? Wie viel Grün haben Sie gefunden?

Bleiben Sie nun mit Ihrer Aufmerksamkeit in diesem Buch, wenden Sie den Blick nicht ab. Was war blau? Haben Sie blaue Dinge bemerkt, obwohl Ihr Fokus auf Grün lag?

Den meisten von uns gelingt es kaum bis gar nicht, sich an etwas zu erinnern, auf das sie kein Augenmerk gelegt haben. Diese kleine Übung führt klar vor Augen, dass wir nie alles, was da ist, wahrnehmen können. Wir filtern immer, ob wir wollen oder nicht. Wir können aber lernen, die Filter bewusster einzusetzen.

Was denken Sie? Wissen Sie, was Sie den ganzen Tag lang sehen und denken?

Das ist die Wahrheit?

Viele unserer Erlebnisse, die wir mit einer Erwartungshaltung „angehen", können also ständige Wiederholungen sein und uns glauben machen: Das ist die Wahrheit, so ist es. Diese Programme laufen vielleicht ganz automatisiert in einer Endlosschleife ab. Versuchen Sie herauszufinden, wann das passiert und wer oder was die Ursache dafür ist. Versuchen Sie, Ihren Blickwinkel zu weiten und für anderes zu öffnen. Vielleicht ist im ersten Schritt nur ein „Hauch" möglich, aber es ist ein Anfang. Sie können jederzeit für sich entscheiden: Ich hebe den Blick und spiele damit, lenke ihn bewusst auf etwas anderes. Was gefällt mir? Worüber habe ich mich heute gefreut? Was habe ich mir gegönnt? Wofür bin ich dankbar? Bin ich neugierig darauf, mich und dann auch mein Gegenüber wieder neu zu erkunden? Zur Erinnerung: Es ist viel mehr real, als wir oft sehen und wahrnehmen können. Wie wäre es, wenn Sie Ihre Aufmerksamkeit bewusst auf etwas Bestimmtes, vielleicht etwas ganz besonders Schönes lenkten? Unser Unterbewusstsein mit seinen Gewohnheiten ist oft rasch, zu rasch aktiv. Seien Sie geduldig mit sich und „trainieren" Sie mit „unter der Lupe" (Seite 52) genannten Fragen Ihren neuen Fokus. Denn wenn wir nicht wissen, wohin wir wollen, serviert uns das Unterbewusstsein, zack, sofort Altbekanntes. Ob wir wollen oder nicht. Was wollen Sie leben?

Eine kleine Gedankenreise

Ein weiser alter Mann sitzt gerne am Rand der Stadtmauer und genießt seine Zeit in der Natur. Eines Tages kommt ein Wanderer vorbei. Er setzt sich zum alten Mann und fragt: „Ich suche eine neue Bleibe. Lohnt es sich, in dieses Dorf einzukehren? Wie sind die Leute hier?" Der alte Mann fragt zurück: „Wie waren sie an dem Ort, von dem du kommst?" „Dort waren die Menschen voller Angst und Misstrauen, Betrug und Diebstahl standen an der Tagesordnung. Jeder kämpfte gegen jeden, alle waren auf sich allein gestellt, niemand war sicher." Da antwortet der alte Mann: „So sind sie auch an diesem Ort. Zieh weiter, hier wirst du dasselbe wiederfinden!"

Wochen später kommt erneut ein Wanderer. Freundlich fragt er: „Darf ich mich zu dir setzen?" Er teilt Wein und Wasser mit dem alten Mann: „Ich suche einen Ort, an dem ich bleiben kann, wie sind die Leute hier?" Und wieder fragt der weise alte Mann: „Wie waren sie an dem Ort, von dem du kommst?" Der Wanderer erzählt: „Die Menschen waren sehr freundlich und halfen einander. Sie hörten einander zu, waren füreinander da und teilten, was sie hatten. Wir wussten, gemeinsam können und sind wir mehr. Es fiel mir schwer, diesen liebevollen Ort zu verlassen, aber ich bin auf der Walz." Da meint der alte Mann: „So sind sie auch hier, komm herein, du wirst dasselbe wiederfinden!"

Mein Sex, what else?

Üben und dranbleiben:
Wie sich Gewohnheiten ändern

Wenn wir etwas ändern wollen, eine spürbare Verbesserung anstreben, dann hilft es, einen Entschluss zu fassen und einen Sinn zu erkennen. Der bestimmt aufwendigere Teil ist aber jener des Übens und Dranbleibens, bis das, was wir uns wünschen, zur neuen, prickelnden Gewohnheit geworden ist.

In der Gehirnforschung vertreten viele die Ansicht, dass eine Tätigkeit zumindest 21 Tage in ununterbrochener Reihenfolge ausgeführt werden muss, um als neue „Gewohnheit" verankert zu werden, andere reden von 66 Tagen. Wie dem auch sei: Schaffen Sie sich kleine tägliche Rituale, die es Ihnen ohne großen Aufwand ermöglichen, gerne und mittel- oder langfristig an einer Sache dranzubleiben. Im Laufe der zumindest drei bis neuneinhalb Wochen vertieft sich quasi eine Spur im Gehirn, ein neuer Weg wird angelegt und kann dann viel einfacher und vielleicht lust- und sinnvoller beschritten werden. Auf diese Art und Weise lässt sich auch die Gedankenspur, die zu Ihrem Blick auf sich selbst führt, neu anlegen: Wenn Sie bewusst mehr Raum schaffen für Ihre Selbstwahrnehmung, Ihre Sinnlichkeit, Ihre Lust am Frausein, können genau diese Dinge zur Entfaltung kommen.

Es ist nichts Außergewöhnliches, wenn zwischendurch immer wieder einmal eine Phase kommt, in der Sie alles hinwerfen möchten. Die Verlockung, in gewohnte Bahnen zurückzukehren, kann groß werden. Gerade in solchen Momenten werden jedoch alte Gewohnheiten überwunden und neue möglich. Schauen Sie einem kleinen Kind zu: Es steht auf und fällt hin, steht auf und fällt hin, unzählige Male. Irgendwann kann es tatsächlich stehen. Es macht die ersten Schritte, übt und übt weiter. Bis es dann ganz selbstverständlich und sicher herumläuft, vergeht viel Zeit. Niemand erwartet, dass das Kind plötzlich aufsteht und sicher läuft. So ähnlich kann es mit neuen Gewohnheiten sein. Wir üben neue Wege – seien Sie geduldig und liebevoll mit sich selbst, aber bleiben Sie dran.

Das faule Gehirn braucht einen Anreiz und ein bisschen Ausdauer

Sie gehen gerne spazieren, haben Ihre bekannten Wege. Meist gehen Sie früher oder später über eine große Wiese, vielleicht auch über eine größere Lichtung. Sie gehen den Ihnen bekannten und ausgetretenen Pfad – Sie sehen ihn genau, er führt quer und direkt über die Wiese, es ist ein feiner, kleiner Weg, deutlich sichtbar. Rundherum darf sich die Wiese entfalten, die Gräser und Blumen stehen manchmal kniehoch.

Nun hat Ihnen jemand verraten, dass es an einer bestimmten Stelle am Rand, ganz weit hinten und ganz versteckt, wunderbare Himbeer- und Brombeersträucher gibt. Sie sind neugierig geworden und haben Lust bekommen, die Sträucher zu suchen, verlassen also den Pfad und wandern suchend über die Wiese. Und Sie finden die Stelle! Wunderbar! Hmmm, das wird ein Fest! Die Beeren sind noch längst nicht reif, aber Sie wissen jetzt immerhin, wo sie auf Sie warten werden. Sie gehen also zurück auf den bekannten Pfad und den bekannten Weg weiter. Und Sie nehmen sich vor, nun jeden Tag zu den Beeren zu gehen, um nachzuschauen, ob Sie schon reife Früchte ernten können. Vielleicht sind die Himbeeren ja etwas früher genießbar als die Brombeeren – oder umgekehrt?

Am nächsten Tag finden Sie schon etwas rascher und direkter zu den Sträuchern. Einige Umwege, die Sie tags zuvor zurückgelegt haben, machen Sie nicht mehr. Sie entdecken, wie viele Sträucher da sind. Haben die Beeren nicht bereits einen Hauch mehr Farbe?

Tag für Tag machen Sie sich nun auf zu den Sträuchern. Zu Beginn ist es noch etwas mühsam, aber nach einigen Tagen wissen Sie genau, wo Sie abbiegen müssen – Sie haben das Gefühl, dass

Mein Sex, what else?

es schon einen kleinen Trampelpfad gibt, finden sich von Tag zu Tag ein wenig besser zurecht und meinen, den Weg zu kennen.

Dann fahren Sie ein paar Tage weg, nur ein verlängertes Wochenende. Bereits auf dem Heimweg freuen Sie sich auf Ihren gewohnten Spaziergang und natürlich auf „Ihre" Beerensträucher. Neugierig gehen Sie gleich los – und stellen fest: Da gibt es nichts mehr zu sehen. Sie haben keine Ahnung, wo der Weg gewesen sein könnte, die Wiese hat sich sofort wieder ausgebreitet, das Gras ist höher als zuvor. Aber Sie lassen sich nicht entmutigen, wissen ja bereits, was Sie erwartet, und beginnen von vorne, Ihren Weg zu suchen und zu finden.

Diesmal bleiben Sie dran: Bei Ihrem täglichen Spaziergang, manchmal in Begleitung eines netten Menschen, manchmal mit Ihrem Hund, bauen Sie den kleinen Schlenker fix ein. Sie freuen sich: Die Beeren reifen merklich. Nach einiger Zeit werden Sie endlich mit den ersten Früchten belohnt. Wie gut und süß die schmecken! Ihren Weg finden Sie inzwischen ganz selbstverständlich, Sie haben sich wieder einen zarten Pfad über die hohe Blumenwiese „ergangen".

Nach ein paar weiteren Tagen beginnt die „große Erntezeit", Sie nehmen sogar einen Becher von zu Hause mit, den Sie mit den frischen Früchten füllen (dann haben Sie auch später noch etwas davon). Ihr täglicher (Um-)Weg ist zu einer wohltuenden Gewohnheit geworden. Auch als längst schon alle Früchte abgeerntet sind, schlagen Sie den Haken über die Wiese, um nachzusehen, wie es Ihren Beerensträuchern geht.

Genau so funktioniert unser Gehirn: Wenn Sie etwas verändern möchten, ist es zu Beginn oft mühsam. Das Gehirn ist nämlich faul und benötigt deutlich mehr Energie, wenn es Neues verarbeiten soll. Anfangs müssen Sie vielleicht täglich aufs Neue die Entscheidung treffen, dass Sie sich auf den Weg machen wollen. Es ist noch nicht zur Gewohnheit geworden, Sie probieren erst aus und üben. Nach einigen Tagen bekommen Sie langsam eine Ahnung, ob Sie sich für den passenden Weg entschieden haben, ob es überhaupt sinnvoll ist, ihn auf diese Art und Weise zu gehen, oder ob Sie doch noch etwas verändern möchten. Auch das „innere Belohnungssystem" will überlistet werden – sind wir es doch gewohnt und geradezu dazu aufgefordert, rasch, sofort, gleich Erfolg zu haben: Wir wollen den schnellen Kick. Um nicht ständig in alte Muster zurückzufallen, braucht es aber ein fokussiertes Dranbleiben. Besser, Sie erkunden in Babyschritten und in Ihrem Tempo neue Wege, als Sie gehen rasch voran und können dabei innerlich nicht alles nachvollziehen: Wenn der Kopf zu schnell zu viel will, ist der Frust womöglich schon vorprogrammiert. Geben Sie nicht auf – nach ungefähr drei Wochen läuft es schon viel besser oder sogar ganz wie von selbst.

Im Einklang mit Ihren Bedürfnissen

Warum ich Ihnen das so ausführlich erzähle? Weil ich Ihnen vermitteln will, dass es auch Ihre bewusste Entscheidung ist, wie Sie „Ihr Leben leben". Darf es lustvoll sein und Freude machen? Dürfen Sie glücklich sein? Können Sie Ihr Leben immer wieder bewusst und lebendig selbst gestalten?

„Es gibt natürlich auch zufällig guten Sex, aber ich warte nicht darauf, dass er ab und zu „von selbst" passiert, ich möchte etwas für mein sexuelles Wohlgefühl tun!"
Eine Klientin, 39

Leider sieht kein Bildungssystem der Welt derzeit vor, Menschen darin zu schulen, ihr Leben freudvoll zu gestalten (mit Ausnahme von Bhutan mit seinem „Bruttonationalglück"). Statt den Fokus in der Bildung auf die Talente, Stärken, Bedürfnisse und die Einzigartigkeit der Schüler zu legen, lernen wir, unsere Schwächen zu bekämpfen,

Mein Sex, what else?

werden viel zu oft in Normen gepresst und alle über einen Kamm geschoren.

Wir sind vielfach nicht darin geübt, Entscheidungen für etwas zu treffen, und schon gar nicht darin, wirklich lustvoll und freudig im Einklang mit unseren Bedürfnissen zu leben. Dabei ist jeder einzelne Mensch viel produktiver, motivierter und gesünder, wenn er Dinge tun kann, die er für sinnvoll erachtet, die ihm Freude bereiten, leichtfallen und gelingen. Ein lustvolles Leben ist die beste Voraussetzung, um lustvollen Sex zu haben – auch wenn da vielleicht noch ganz andere Komponenten mitspielen.

„Ich mach mal!" statt „Mach mal!"

Fakt ist, solange Sie (er-)warten, dass jemand anderer etwas verändert, Sie endlich richtig wahrnimmt oder berührt, solange Sie warten, bis er oder sie in Ihr Leben tritt, damit es endlich losgeht – solange sind Sie nicht frei, um selbst für Ihr Wohlbefinden Verantwortung zu übernehmen, und strahlen mit hoher Wahrscheinlichkeit unbewusst Bedürftigkeit aus.

Auch wenn es in unserer Gesellschaft noch weit verbreitet ist zu glauben, dass jemand anderer für unser Glück verantwortlich sei – es stimmt schlicht nicht und außerdem wäre es weder attraktiv noch sexy. Spüren und verwöhnen Sie sich und übernehmen Sie Stück für Stück mehr Verantwortung für Ihr eigenes Wohlbefinden und Ihre Lebensgestaltung. Denn wenn Sie das nicht tun, leben Sie Ihr Leben in einer Rolle, die andere Menschen Ihnen zugedacht haben – und das kann mit der Zeit leer machen. Sie sind ja tatsächlich die allerwichtigste Person in Ihrem Leben. Wie möchten Sie wirklich, wirklich leben? Ich möchte es noch einmal betonen: Ich bin ein Fan der Strategie der kleinen Schritte, so können wir öfter wählen und „kleine Erfolge" feiern. Das tut gut, macht Freude und motiviert uns – oft entsteht eine richtig schöne Dynamik, die positiv stimmt. Diese selbst-bewusste Freude, ein Leben, das für uns selbst Sinn macht, in dem wir uns wohlfühlen, hat natürlich auch ganz viel mit unserer Erotik, Sinnlichkeit, mit unserer Lust auf Sexualität zu tun.

Sie haben einen Kompass

Auch und gerade, wenn Sie in einer freud- und lustlosen Phase sind, was übrigens ganz normal ist, kann es sein, dass Sie besonders gut spüren, was Ihnen fehlt, welche Sehnsüchte unerfüllt sind, was Sie antreibt. So können Sie diese Situationen wie einen Kompass nützen. Jetzt geht es um Ihre Lust auf Sinnlichkeit, Erotik und Sexualität. Sind Sie bereit, Ihre Komfortzone zu verlassen? Ohne etwas zu verändern, etwas Neues zu probieren oder etwas Vertrautes zu lassen, eine neue Haltung einzunehmen, gibt es immer nur das Alte.

Wollen Sie losgehen? Möchten Sie erstmals oder wieder mit sich selbst entspannt und freudig, sinnlich und lustvoll Ihr Leben gestalten? Treffen Sie Ihre Entscheidung – ohne geht es nicht. Sie müssen dabei keinesfalls genau planen, denn dann würde wieder vor allem der Kopf regieren. Wichtig ist lediglich, dass Sie Ihren „logischen Kopf" wieder mit Ihren Träumen, Bedürfnissen und Sehnsüchten verbinden. Was auch immer Ihre Lustfaktoren, Fantasien und Erregungsmuster sind – nehmen Sie sich Zeit, mit den Anregungen und Einladungen zu spielen, sich zu besinnen, zu erkennen. Zu erforschen, wo Sie jetzt stehen und wie Sie sich selbst wieder näherkommen.

Veränderung braucht ein bisschen Mut – und Unterstützung

Wie gesagt: Es gibt eine einzige Person, die in einer Situation der Unzufriedenheit kluge Entscheidungen für Sie treffen kann: Das sind Sie selbst. Aber nie, wirklich NIE, müssen Sie die Kraft aufbringen, große oder auch kleine Änderungen allein zu stemmen. Oft möchte Ihr Partner gerne mit Ihnen gemeinsam für positive Veränderungen sorgen. Oft gibt es eine gute Freundin oder einen guten Freund, ein Familienmitglied, eine Nachbarin, einen Gleichgesinnten, die Sie gut verstehen – jemanden, der gerne zuhört oder unterstützen kann, wenn Sie Inspiration brauchen, um aus einer festgefahrenen oder kräfteraubenden Situation wieder herauszufinden.

Achten Sie darauf, wer Ihnen in Ihrem Umfeld wirklich guttut, wer Sie stärkt und vielleicht auch als attraktive Frau wahrnimmt (das kann auch ein kleiner Flirt im Supermarkt sein!). Tun Sie Dinge, die Sie noch nie oder schon lange nicht gemacht haben. Durch neue Menschen bekommen wir neue Inspirationen und werden – ähnlich wie beim Rosenthal-Effekt (siehe unten) – neu wahrgenommen.

Wenn es für Sie möglich ist, tun Sie gut daran, weitreichende oder sogar lebensverändernde Entscheidungen in Krisensituationen nicht ohne Begleitung oder Feedback von anderen zu treffen. Sollten Sie sich professionelle Hilfe wünschen, finden Sie Ansprechpersonen in Ihrer Nähe bestimmt auch über Empfehlungen und in jedem Fall übers Internet. Achten Sie zu Ihrem Wohle bitte stets auf Expertise und Seriosität.

Haben Sie schon vom Rosenthal-Effekt gehört?

Der amerikanische Psychologe Robert Rosenthal unternahm in den 1960er Jahren einige Versuche: Schüler wurden willkürlich aus verschiedenen Klassen herausgenommen und dann neuen Lehrern in einem völlig anderen Umfeld als hochbegabte Kinder präsentiert. Die Leistungen und sogar der IQ waren bei vielen dieser Kinder nach einem Jahr deutlich und messbar angestiegen – sie hatten sich wirklich entfalten können, weil sie als besonders wahrgenommen wurden. Verblüffend, nicht?

Das würde also bedeuten: Allein mit unserer Erwartungshaltung können wir Potenziale fördern oder hemmen. Wer in Ihrem Umfeld fördert Sie? Mit wem sind Sie in einem stärkenden, nährenden Austausch? Wer sieht Sie wirklich? Haben Sie zumindest einen Menschen, der Sie, falls Sie das wollen, als attraktive, begehrenswerte und erotische Frau wahrnimmt? Wenn Sie einen Partner haben, der zu oft darauf vergisst: Wie können Sie wieder auf sich aufmerksam machen, wie können Sie wieder zu mehr Freude aneinander und zu Verführung und Verführt-Werden einladen?

Potenzial → Glaube → Erwartung → Verhalten → Bestätigung → Persönlichkeit → Wiederholung

Geht's auch ohne?

Immer wieder höre ich Sätze wie: Ich gehe ganz ohne Erwartungen in diese Beziehung. Wer Erwartungen hat, kann nur enttäuscht werden ... Aber können wir uns wirklich ganz freimachen von den Gedanken an das, was kommen wird? Was passiert, wenn wir keine Erwartungen haben? Sind wir dann im Grunde schon völlig desillusioniert und enttäuscht? Ist das eine reine Schutzmaßnahme? Nun, ich denke, wenn wir keine Erwartungen haben, erfüllen wir oft nur die Erwartungen anderer. Denn so „ganz ohne" können wir einfach nicht leben: Drehen wir den Wasserhahn auf, erwarten wir, dass Wasser herauskommt, setzen wir uns, erwarten wir, dass uns das Sofa trägt etc.

Aber: Es nützt tatsächlich, sich zu überlegen, mit welchen Erwartungen man an eine Sache herangeht. Nein, das Leben ist natürlich kein Wunschkonzert. Was wir jedoch wissen, ist, dass unsere Gedanken unsere Realität formen. Und das heißt nichts anderes als: Wenn wir wissen, was wir uns in unserem Leben wünschen/erwarten, was wir haben wollen, dann finden wir es deutlich eher und vor allem können wir selbst dafür sorgen, dass wir unseren Sehnsüchten näherkommen. Zur Erinnerung: Wenn wir nicht wissen, wohin es uns zieht, wovon wir träumen oder auch was wir wirklich wollen, übernimmt oft unser Unterbewusstsein. Es kann allerdings nur auf bereits erlebte Erfahrungen zurückgreifen - und dann heißt es: Nichts Neues in Sicht.

Also nur Mut: Gestehen Sie sich Ihre Sehnsüchte und Träume ein und überlegen Sie ganz konkret: Was könnte ich jetzt gleich dafür tun? Selbst wenn es nur eine Winzigkeit ist, sind Sie schon auf einem guten Weg.

Fazit: Am Anfang braucht es manchmal Mut und einen klaren Blick sowie eine echte Entscheidung, damit es mit der Zeit gut wird.

Es gibt Dinge im Leben, die können wir nicht verändern. Schön, wenn wir erkennen, was sehr wohl in unserem Wirkungskreis liegt. Uns bewusst dem zentralsten Punkt unseres Lebens zu widmen, nämlich uns selbst, dafür können wir uns jederzeit entscheiden. Darf das sein? Vielen von uns wurde von klein auf „eingeimpft", nicht egoistisch zu sein, zuerst an die anderen zu denken … Vermutlich haben auch Sie schon so manchen Satz in diese Richtung gehört. Andere wurden als Prinzessin groß und sind es gewohnt, dass sich alles um sie dreht – was auch oft sehr überfordern oder recht einsam machen kann.

Wenn wir nicht lernen, auf uns selbst UND andere zu achten, liegt hier aus meiner Erfahrung heraus oft viel Frust und Leid begraben. Ich ermuntere meine Klientinnen und Klienten stets, durchaus zuerst an sich selbst zu denken. Und zwar feinfühlig genug, um zu bemerken, wann Ihre Liebsten andere Bedürfnisse haben. Denn in dem Moment, in dem wir uns nicht selbst wahrnehmen, selbst spüren, in dem wir nicht selbst wählen und gestalten, übernimmt jemand oder etwas anderes, oft eben auch unser Unterbewusstsein auf der Basis von bereits Erlebtem „die Führung".

Klarheit und ein freundlicher, liebevoller Blick auf uns selbst sind reine Übungssache. Wie wäre es, wenn wir mit uns unterstützend und mitfühlend umgehen wie vielleicht mit unserer besten Freundin? Wie wohltuend wäre es, wenn wir ganz selbstverständlich darauf achten würden, was wir mögen und brauchen? Wenn wir gerne liebevoll bei uns bleiben, auch wenn wir mit anderen sind, mit ihnen in Resonanz gehen? Entspanntheit und Wohlwollen sind die besten Voraussetzungen für „Selbst-Bewusstsein" und eine gesunde Lebenseinstellung – gerade auch in der Sexualität.

Wenn Sie sich vielleicht fragen, warum Sie nicht schon früher einen Schritt in Richtung Veränderung gesetzt haben, dann kann ich Ihnen nur sagen: Ein Erkennen in der Situation ist oft nicht so einfach. Klar ist: Wenn wir emotional sicherer werden, sind wir freier und mutiger und tun vieles von dem, was schadet, nicht mehr. Das macht Raum für Neues, das vielleicht jetzt besser passt.

Erzwingen lässt sich jedoch nichts. Vielleicht hat es Jahre oder Jahrzehnte gedauert, um ein entwickeltes oder übernommenes Verhalten zu erkennen – nehmen Sie sich jetzt die Zeit, die Sie brauchen, um es so zu verändern, dass es heute besser zu Ihnen passt.

Sie haben die Wahl: Möchten Sie etwas Neues in Ihr Leben integrieren? Wenn ja, dann legen Sie los und beginnen Sie Ihre Reise. Jetzt ist der richtige Zeitpunkt!

FAKTEN ÜBER DIE WEIBLICHEN GESCHLECHTSORGANE

Die Entwicklung der weiblichen Genitalien

In unserem Sprachgebrauch gibt es deutlich weniger Worte für weibliche als für männliche Geschlechtsteile, zudem sind jene für die weiblichen deutlich be- und abwertender. Eigentlich ist es unglaublich, dass wir heute erst dabei sind, klare Bezeichnungen, realistische Bilder, passende Worte, die liebevoll oder neutral sind, für die weiblichen Geschlechtsorgane zu finden. Das Wissen um unsere Biologie und schlussendlich klare Fakten kann uns jedoch helfen, in dieser Beziehung sicherer zu werden. Tauchen wir also ein in die Thematik und beginnen wir bei der Entwicklung der Geschlechtsmerkmale.

Die Genitalien beider Geschlechter sind unterschiedlich und doch so gleich: Bis zur achten Schwangerschaftswoche haben männliche und weibliche Embryos identisch angelegte Geschlechtsdrüsen. Ab dann beginnen diese – je nach genetischer Anlage – männliche (Hoden) oder weibliche Geschlechtsstrukturen (Eierstöcke) auszubilden.

Ab der elften Schwangerschaftswoche entwickeln sich weitere innere Geschlechtsorgane. Wo beim männlichen Fötus Nebenhoden, Samenleiter, Bläschendrüse, Prostata und Cowpersche Drüse entstehen, entwickeln sich beim weiblichen Fötus Gebärmutter, Eileiter, Vagina, weibliche Prostata und Bartholinsche Drüse.

Zwischen der zwölften und 16. Schwangerschaftswoche bilden sich dann die äußeren Genitalanlagen, beim männlichen Fötus die Eichel und der Schaft des Penis sowie der Hodensack, beim weiblichen Fötus Klitorisspitze und -körper sowie die äußeren Genitallippen (Vulvalippen). Die Geschlechtsfalten verschmelzen beim männlichen Fötus zu einer sichtbaren Naht

Mein Sex, what else?

von Penis und Hoden bis zum Anus, während sich beim weiblichen Fötus die inneren Genitallippen (Vulvalippen) entwickeln. Aus dem Gewebe unter den Geschlechtsfalten entsteht beim männlichen Fötus der Schwell- und Schwammkörper des Penis, beim weiblichen Fötus bilden sich die Strukturen des Klitoriskörpers, der Klitorisschenkel und des Klitorisschwellkörpers aus.

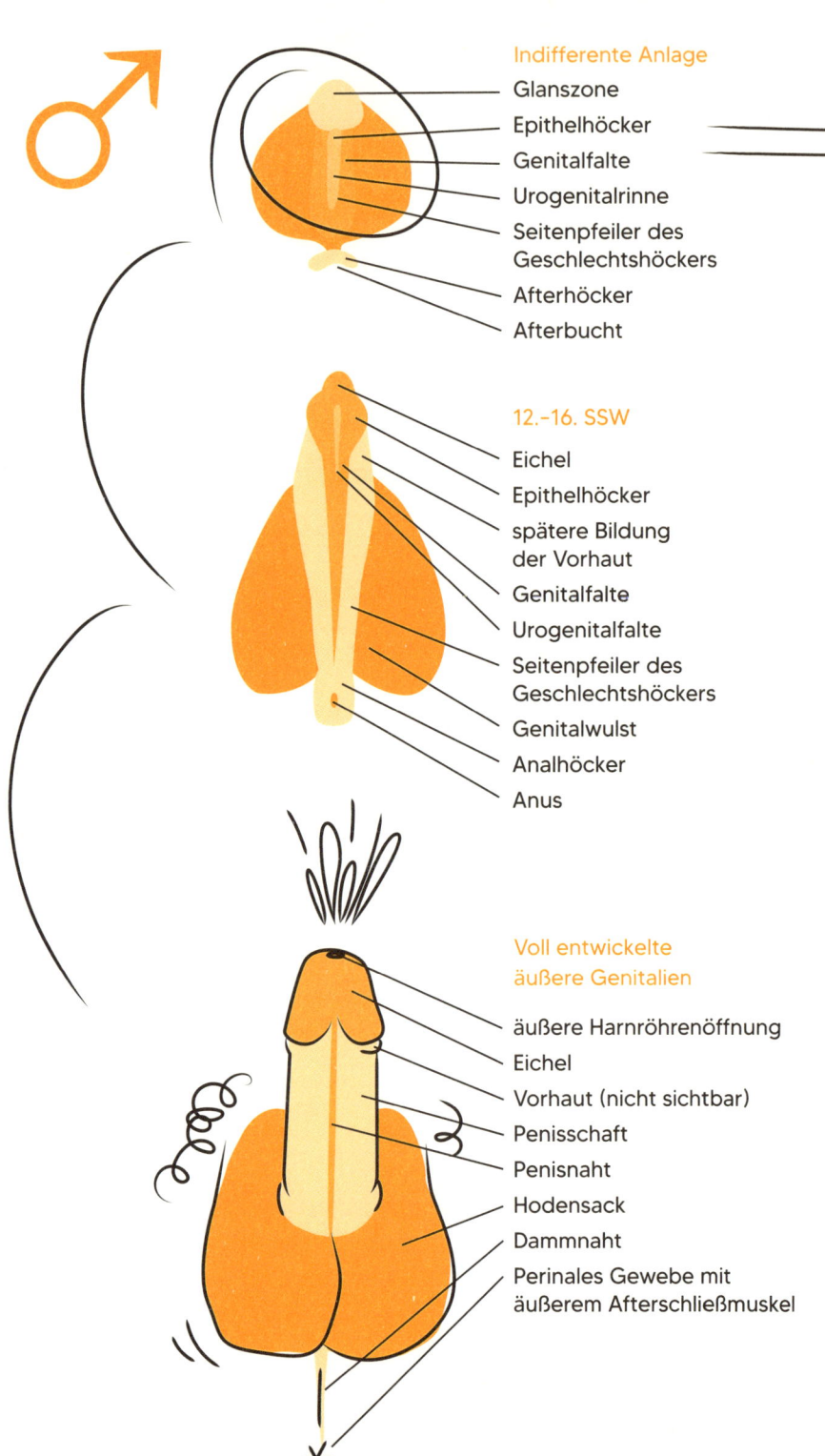

Indifferente Anlage

Glanszone
Epithelhöcker
Genitalfalte
Urogenitalrinne
Seitenpfeiler des
Geschlechtshöckers
Afterhöcker
Afterbucht

12.–16. SSW

Eichel
Epithelhöcker
spätere Bildung
der Vorhaut
Genitalfalte
Urogenitalfalte
Seitenpfeiler des
Geschlechtshöckers
Genitalwulst
Analhöcker
Anus

**Voll entwickelte
äußere Genitalien**

äußere Harnröhrenöffnung
Eichel
Vorhaut (nicht sichtbar)
Penisschaft
Penisnaht
Hodensack
Dammnaht
Perinales Gewebe mit
äußerem Afterschließmuskel

Indifferente Anlage

- Glanszone
- Epithelhöcker
- Genitalfalte
- Urogenitalrinne
- Seitenpfeiler des Geschlechtshöckers
- Afterhöcker
- Afterbucht

12.–16. SSW

- Eichel
- Epithelhöcker
- spätere Bildung der Vorhaut
- Genitalfalte
- Urogenitalfalte
- Seitenpfeiler des Geschlechtshöckers
- Genitalwulst
- Analhöcker
- Anus

Voll entwickelte äußere Genitalien

- Klitoriskörper
- Klitorisvorhaut
- Klitorisspitze
- äußere Harnröhrenöffnung
- innere Genitallippen
- äußere Genitallippen
- Vagina
- Dammnaht
- Perinales Gewebe mit äußerem Afterschließmuskel

Anatomische Besichtigung

Die Vulva

Der gesamte sichtbare Teil der Geschlechtsorgane (also die äußeren Geschlechtsorgane) umfasst die Vulvalippen, den Venushügel, den Eingang zur Harnröhre, den Vaginavorhof und das, was man von der Klitoris sehen kann, meist das Köpfchen.

Die Vagina

Durchschnittlich etwa acht bis zehn Zentimeter lang ist die Vagina – sie wird durch den Muttermund zur Gebärmutter hin verschlossen. In der Vagina selbst befinden sich relativ wenige Nervenzellen, da ein Geburtsvorgang sonst unerträglich schmerzhaft wäre. Die Vagina ist schlauchförmig, ein dehnbarer „hohler Raum", der sich je nach Situation, beispielsweise bei Erregung, weitet und durch Feuchtigkeit (Lubrication) auf die Aufnahme eines Penis vorbereitet.

Die Klitoris in ihrer ganzen Pracht

Das einzige menschliche Organ, das ausschließlich existiert, um Lust zu erzeugen, ist die Klitoris (der Kitzler). Sie ist nicht nur – wie lange angenommen – eine Perle, die man außen, am oberen Ende der kleinen inneren Vulvalippen, erkennen kann, sondern viel größer (siehe Skizze) und ragt auch tief ins weibliche Becken hinein. In der Klitorisspitze, der „Perle", laufen allerdings bis zu achttausend Nervenzellen zusammen, das sind ungefähr doppelt so viele wie in der Eichel eines Penis.

Die Erektion der Frau

An der Klitorisskizze sind besonders gut die Ähnlichkeiten mit dem Penis zu erkennen: Köpfchen, Vorhaut, Schwellkörper. Die gesamte Klitoris ist von einer Unmenge an Nervenzellen durchzogen. Je mehr Sie sich der Berührung Ihrer gesamten Klitoris widmen, umso erregbarer kann diese werden, nicht nur an der Spitze.

Die Klitoris hat quasi „Beinchen", die Klitorisschenkel, die unter den äußeren Vulvalippen entlanglaufen. Das sind Schwellkörper, ähnlich dem Penis, die sich bei Erregung mit Blut füllen und dadurch besonders empfindsam werden. Diese Schwellkörper umschließen auch einen Teil der Beckenbodenmuskulatur und den Eingang zur Vagina, sodass frau dadurch beim Geschlechtsverkehr eine angenehme Erregung empfinden kann. Wenn es zur Erektion von Klitorisperle und Klitorisschaft kommt, weitet sich der Vaginavorhof. Die Vagina ist ein aktiver Muskel, der sich beim Lustempfinden verändert: Er zieht sich nach hinten zusammen, um sich dadurch in die Länge zu dehnen und aufnahmebereit zu machen. Der G-Punkt (auch G-Zone) liegt ein paar Zentimeter innerhalb der Vagina, an der vorderen, also der nabelzugewandten Vaginawand.

Wo genau er bei Ihnen liegt, erspüren Sie am besten mit Ihren Fingern, die Stelle fühlt sich etwas rauer an.

Die „Nichtübereinstimmung" der Erregung

Was oft nicht deutlich ausgesprochen wird: Eine genitale Reaktion heißt nicht gleich, dass wir sexuell erregt sind. Eine genitale Reaktion bedeutet auch nicht, dass wir genießen. Vielleicht kennen Sie das: Die Vagina reagiert und wird feucht, selbst wenn wir das gar nicht wollen, wenn wir die Situation gar nicht anregend, vielleicht sogar abstoßend finden. Feucht werden bedeutet, dass etwas sexuell relevant sei, und das sage nichts darüber aus, ob es auch sexuell ansprechend sei, schreibt Emily Nagoski in ihrem Buch „Komm, wie du willst".

Die Sexforscherin Meredith Chivers hat die Erregung von Frauen in verschiedenen Versuchen erforscht und vermessen. Dabei hat sie zum Beispiel festgestellt, dass es bei Frauen tendenziell zu einer körperlichen Erregung kommt, wenn sie Bonobo-Affen beim Sex zusehen. Lust auf Sex bekommen sie deswegen aber nicht, sie fühlen sich nicht erregt, auch wenn ihr Körper reagiert. Eine genitale Reaktion sei keine Einladung, kein Einverständnis, was leider auch bei Übergriffen immer wieder falsch interpretiert wird. „Du warst ja feucht, also hattest du auch Lust." Nein, wir geben ein Einverständnis bewusst, das kann unser Körper nicht allein! Umgekehrt gibt es das Phänomen übrigens auch – bei Frauen und Männern: Wenn wir etwa erregt sind und wirklich Sex haben wollen, der Körper aber nicht mitmacht.

Die Regelblutung

Die erste Regelblutung (Menarche) tritt meist zwischen dem neunten und 16. Geburtstag ein, Abweichungen sind natürlich immer möglich. Es empfiehlt sich in jedem Fall der Besuch einer einfühlsamen und guten Gynäkologin oder eines ebensolchen Gynäkologen.

Zu einer Blutung kommt es, weil der weibliche Körper etwa alle vier Wochen eine Schleimhaut in der Gebärmutter aufbaut – eine Art „Bettchen für eine befruchtete Eizelle". Diese Schleimhaut wird wieder abgestoßen, wenn sie vom Körper nicht benötigt wird. Die nicht befruchtete reife Eizelle hingegen wird vom Körper absorbiert.

Fruchtbarkeit

Frau kann auch während der Regelblutung schwanger werden, je nachdem, wie lange der Zyklus dauert – die fruchtbaren Tage liegen zehn bis 16 Tage vor der nächsten Regelblutung. Eine Eizelle ist höchstens 18 bis 24 Stunden befruchtungsfähig, Samenzellen können jedoch bis zu sechs Tage in der Frau überleben. Sämtliche Eizellen sind bereits vor der Geburt angelegt, sie wachsen also nicht nach. Vielmehr reift aus der Fülle der angelegten Eizellen etwa alle vier Wochen zumindest eine heran – in einem der beiden Eierstöcke. Sie wird dann in den Eileiter ausgestoßen (Eisprung), wo sie für eine eventuelle Befruchtung bereit ist. Die befruchtete Eizelle nistet sich dann in der Gebärmutter ein und reift dort zum geburtsreifen Fötus heran.

Mythos Jungfernhäutchen

Das Jungfernhäutchen (Hymen) und sein Mythos: In frühen Stadien der fetalen Entwicklung weist die Vagina keine Öffnung auf, die Abgrenzungen zwischen Harn- und Geschlechtsorganen bilden sich dann in den ersten Entwicklungswochen. Bereits vor der Geburt öffnet sich bei den meisten Mädchen das Hymen und bleibt als extrem dehnbarer Schleimhautsaum erhalten. Dieses Hymen kann man sich vorstellen wie einen „Haargummi" – so die Bezeichnung der US-amerikanisch-deutschen Gynäkologin und Autorin Sheila de Liz. Es hält Tampons und Geburten stand, Sport und Vibratoren und selbstverständlich auch dem Geschlechtsverkehr. Sein „richtiger" Name ist Vaginalkranz, es kann, muss aber nicht bluten.

Der Mythos vom Jungfernhäutchen, welches beim ersten Mal „reißt", wurde wohl aus Unwissenheit oder als angstmachendes „Überprüfungswerkzeug" verwendet – als bei allen Frauen gleich und überprüfbar. Weder Sichtbarkeit noch Form etc. sind „Nachweis der Jungfräulichkeit" – einen solchen Nachweis gibt es schlichtweg nicht. Allerdings: Diese Legende wird nach wie vor an Schulen weitergegeben und sogar von vielen Medizinerinnen und Medizinern aufrechterhalten.

Mythos: Das erste Mal tut immer weh

Schmerzen beim ersten Geschlechtsverkehr entstehen also meist nicht durch das Reißen des Hymens, sondern weil man nervös oder unsicher ist und der Körper angespannt oder weil man Schmerzen „erwartet". Es kann zudem sein, dass sie durch Trockenheit verursacht werden – wenn die Vagina noch nicht erregt und geweitet genug ist, um den Penis aufzunehmen. Gerade beim ersten Mal dauert es manchmal lange, bis der Körper entspannt und aufnahmebereit ist.

Erogene Zonen

Die primären erogenen Zonen der Frau sind Geschlechtsorgane und Brüste. Viele Menschen halten auch das Gehirn für die größte erogene Zone oder aber die Haut – in jedem Fall gibt es hier kein Richtig oder Falsch. Schlussendlich kann der gesamte

Körper, von den Kopfhaaren bis zu den Zehenspitzen, erotisieren. Probieren Sie sich aus!

Der wichtige Beckenboden

Der Beckenboden wird als dreischichtig (äußere, mittlere und innere Schicht) beschrieben. Als Gesamtheit umschließt er Vagina und Harnröhre, Enddarm und After und wird oftmals wie eine liegende Acht dargestellt. Die sehr komplexe Muskulatur umfasst also auch Körperteile, die beim Geschlechtsverkehr eine essenzielle Rolle spielen, und hat dadurch eine große Bedeutung für unsere Sexualität. Bei Erregung erhöht sich die Anspannung der Beckenbodenmuskulatur automatisch.

Gezieltes Beckenbodentraining wird vielerorts angeboten und fördert in jedem Fall die Durchblutung und dadurch oft auch die Erregbarkeit, außerdem beugt es Inkontinenz vor. Bitte achten Sie darauf, dass Sie sowohl Anspannung wie auch Entspannung lernen, im optimalen Fall bekommen Sie ein gutes Gefühl für die einzelnen Schichten. Sowohl bei einer zu geringen Spannung wie auch bei einer ständig zu hohen kann es zu einem gewissen „Nicht-Spüren" in der Vagina kommen. Es geht also hier keinesfalls um ein „Auftrainieren", sondern darum, ein gutes Gefühl zu entwickeln und bewusst wahrnehmen zu können. Ein heißer Tipp: „Üben" Sie keinesfalls während Ihres sexuellen Vergnügens. Wenn Sie im „Trockentraining" ein gutes Gefühl entwickeln, kann der Beckenboden dann ganz von selbst mitarbeiten.

Beckenboden-Trockentraining

Sie kennen bestimmt die Anregung, während des Wasserlassens den Harnstrahl zu unterbrechen. Das ist insofern keine gute Idee, als die Blase lernfähig ist und dadurch irritierende Signale bekommt – und möglicherweise verlernt, entspannt zu entleeren. Besser ist es, Sie leeren erst Ihre Blase komplett und üben danach.

Aktivieren Sie bei den folgenden Übungen die Muskeln jeweils beim Einatmen und lassen Sie beim Ausatmen wieder locker. Machen Sie zu Beginn jeweils fünf Durchgänge und steigern Sie dann nach Lust und Laune auf zehn (zu Beginn können Sie die Hände auf die entsprechenden Körperstellen legen, um die vielleicht anfangs ganz zarten oder fast nur erahnten Muskelaktivierungen zu unterstützen).

» Legen Sie sich auf den Rücken, winkeln Sie die Beine an, sodass Ihre Knie zur Decke zeigen und die Füße parallel und hüftbreit auf dem Boden stehen. Legen Sie eine Hand unter Ihr Steißbein, die andere auf Ihr Schambein und stellen Sie sich vor, Sie ziehen diese beiden Punkte innen zueinander, die Bauchmuskulatur sollte nicht mitarbeiten. Halten Sie kurz die Spannung – und entspannen Sie dann.

» Setzen Sie sich auf einen festen Stuhl und spüren Sie Ihre Sitzhöcker. Ziehen Sie die Sitzhöcker zueinander, halten Sie kurz die Spannung und lassen Sie dann locker. Po- und Beinmuskulatur sollten nicht mitarbeiten.

» Bleiben Sie auf dem Stuhl sitzen und stellen Sie sich vor, dass Ihr Beckenboden mit dem Lift Richtung Nabel hinauffährt. Mit dem Einatmen fahren Sie in den ersten Stock, dort halten Sie fürs Ausatmen an, beim nächsten Einatmen fahren Sie in den zweiten Stock, halten dann erneut, atmen aus und fahren mit einem neuen Atemzug schließlich weiter in den dritten Stock, wo Sie anhalten, ausatmen und umkehren – über den zweiten und ersten Stock gelangen Sie wieder ins Erdgeschoß, wo Sie ganz bewusst ankommen. Dort können Sie entspannen – zum Beispiel, indem Sie sich vorstellen, wie ein Steinchen ins Wasser fällt und Sie die Kreise betrachten, die sich immer mehr ausbreiten.

Beckenboden, entspannt

Beckenboden, angespannt

DEN FRAUENKÖRPER VERSTEHEN

Wir sind lustvolle Wesen

Was beim Sex im Körper „passiert"

Sexualität kann nicht nur ein berauschendes oder wohltuendes Erlebnis sein, sondern auch eine wirkliche Kraftquelle. Der gesamte Körper wird durch Berührungen, Bewegungen, Erregung, Anspannung und Entspannung aktiviert – und damit natürlich auch das Gehirn. Die Produktion diverser Hormone wie Oxytocin, Serotonin, Dopamin und Adrenalin wird gefördert sowie generell die Durchblutung. Wir fühlen uns geliebt und geborgen, können dadurch entspannter, glücklicher, zuversichtlicher werden, uns zufriedener und sinnlicher fühlen und eine fröhliche und heitere Gemütsverfassung erlangen. Das Herz arbeitet beim Sex phasenweise auf Hochtouren, das ist gesund für das gesamte Herz-Kreislauf-System. Zufrieden machende Sexualität kann Stress senken, die Immunabwehr stärken und zu einem gesunden Schlaf beitragen.

Ja, zufriedenstellende Sexualität ist gesund – und nein, der Umkehrschluss heißt nicht: Wer keinen Sex hat, ist nicht gesund oder wird krank.

Wie sich ein Baby entfaltet

Jedes Lebewesen hat das Bedürfnis, sich, so gut es geht, nach seinen Möglichkeiten zu entwickeln. Vom Moment der Befruchtung der Eizelle an wachsen wir körperlich, geistig, psychisch, spirituell und auch sexuell – als gesamtes Wesen mit all unseren Sinnen. Die Entwicklung gelingt besonders gut, wenn

Mein Sex, what else?

ein Baby möglichst sicher und gleichzeitig frei ist. Das heißt, dass es sich einerseits in einem geschützten Rahmen ausprobieren darf, um in seinem eigenen Tempo zum Beispiel greifen, sitzen, krabbeln, gehen, sprechen etc. zu lernen, und dass es andererseits spürt: Da ist jemand, der mich schützt, fängt und tröstet, ermuntert und sieht, wie ich bin, also liebevoll begleitet. Werden die Fortschritte gut gefördert, Entwicklungen freudig begrüßt, begreift das Kind: Ich habe etwas Neues gut gemacht und bekomme dafür Anerkennung. Je öfter es solche Erfahrungen macht, umso selbstverständlicher gelingen natürliche Entwicklungsschritte und umso positiver werden sie emotional verknüpft. So kann sich ein Baby, ein Kleinkind mutig entfalten.

„Es ist grundsätzlich gesund, wenn Menschen Lustkompetenzen haben, dazu gehört auch die sexuelle Lust. Genussfähigkeit generell bringt den Menschen ins Spüren und das Spüren ist ein wesentlicher Teil der Ich-Wahrnehmung. Wenn wir sagen, dass Gesundheit eine Form der menschlichen Stabilität ist, können wir sagen: Je mehr Lust- und Genussfähigkeit, umso mehr gesundes Spüren, umso mehr Stabilität. Wir lernen dadurch, uns selbst und unseren Körper zu mögen."
Bettina Weidinger, Institut für Sexualpädagogik (IPS), Wien

Emotionale Grundbedürfnisse

Eigentlich beginnt unser emotionaler Entwicklungsprozess schon mit der Zeugung. Bereits jeder Embryo macht unterschiedliche Erfahrungen, die zu ganz besonderen neuronalen Verknüpfungen im Gehirn führen. Und da wir die angeborene Fähigkeit haben, Gefühle wahrzunehmen, können bereits Babys Wärme oder Kälte, Schmerz oder Lust sowie zum Beispiel auch Geborgenheit, Einsamkeit und Zufriedenheit empfinden. Und das bleibt ein Leben lang so. Diese Gefühle sind offenbar bei allen Menschen ähnlich. Niemand mag echten Hunger oder Schmerz, jeder mag ein gewisses Maß an Geborgen- und Zufriedenheit.

Unsere Gefühle verknüpfen wir unbewusst und laufend mit Erfahrungen, Bestätigungen, Belohnungen, Erwartungen, Wünschen, also mit Gedanken und Bewertungen. Diese verknüpften Emotionen sind sehr subjektiv – sie sind naturgemäß nicht für alle gleich, sondern sehr individuell, weil sie durch unterschiedliche Erfahrungen einfach anders „eingeordnet" wurden.

In Beziehungen können wir uns durch diese Unterschiedlichkeit aufreiben, aber auch ergänzen und bereichern – sie kann uns neue Blickwinkel ermöglichen. Oft denken wir automatisch, dass der andere das Leben durch dieselbe Brille betrachtet wie wir, während in Wirklichkeit jeder Mensch die Welt aus seinem ureigenen Blickwinkel sieht. Was bedeutet es beispielsweise, treu zu sein? Geht es dabei um körperliche Treue oder auch um emotionale? Geht es um Intimität? Ist schon der Gedanke an jemand anderen oder ein heißer virtueller Flirt ein Treuebruch? Oder erst der Geschlechtsverkehr?

Gehirnentwicklung braucht Körperkompetenz

Aus Reizeinwirkungen auf unseren Körper werden im Gehirn Empfindungen und in weiterer Folge bewusste Wahrnehmungen. Unsere physiologische Basis wirkt also unablässig auf das Gehirn und seine Fantasien, seine Wahrnehmungs- und Erkenntnisfähigkeit ein. Jede Körpererfahrung, wie zum Beispiel eine Berührung, ist untrennbar mit der Entwicklung des Gehirns verbunden. Neuronale Verknüpfungen entwickeln unser Wesen und unsere Psyche sowie unser Gehirn, daraus entsteht unsere Persönlichkeit mit all ihren Facetten.

Unsere ersten vier Entwicklungsjahre sind in psychologischer Hinsicht entscheidend für unsere Prägungen. In dieser Zeit, an die wir uns später kaum erinnern können, speichern wir Muster und Zuordnungen, werden also quasi „programmiert". Ein Kind lernt: Wenn ich das mache, bekomme ich diese Reaktion, und wenn ich mich so zeige, bekomme ich jene Reaktion, das ist richtig und das falsch, das macht Angst und das Freude, dafür werde ich geliebt, gesehen, belohnt, gefördert und so weiter. Auch wenn uns diese Dinge persönlich nicht „passen" – wir geben sie zum Großteil an die nächste Generation weiter.

Unsere Emotionen und Gefühle gehören untrennbar zu uns, machen uns aus und spiegeln sich natürlich auch im Körper wider. Es gibt also sichtbare und messbare physiologische Veränderungen, wie Muskelspannung, Atmung, Puls oder Körperhaltung etc., die ausdrücken, wie es uns emotional geht. Wenn wir möchten, können wir uns unsere Prägungen im Laufe des Lebens bewusster machen und spielerisch lernen, mit uns selbst und unseren Eigenheiten so umzugehen, dass sie besser zu unseren aktuellen oder generellen Bedürfnissen passen.

„Wenn ihr es nicht fühlt, ihr werdet es nicht erjagen."
Johann Wolfgang von Goethe

Oft spricht man von sexueller Entwicklung, als ob diese ein völlig eigenes, vom Rest der menschlichen Entwicklung losgelöstes Lernen sei. Wir erwerben uns jedoch von Geburt an Fähigkeiten auf unterschiedlichen Ebenen, die generell unsere Kompetenzen erweitern und natürlich auch Auswirkungen auf unsere sexuelle Entwicklung haben. Wir lernen, welches Verhalten uns am besten jene Zuwendung bringt, die unsere Bedürfnisse (Hunger, Durst, Nähe) befriedigt.

Kindliche Spiele

Je unkomplizierter und natürlicher Mädchen und Buben beim kindlichen Spiel lernen dürfen, den eigenen Körper und die eigenen Gefühle zu spüren, je mehr sie erleben dürfen, dass sie gesehen und respektiert werden, umso sicherer wissen sie, was ihnen guttut. Zu raufen, Indianer zu spielen, sich zu verkleiden, zu schaukeln und zu tanzen fördert beispielsweise unsere Selbstwahrnehmung. Ganz konkret: Wenn Mädchen zum Beispiel ihre Vulva, ihre Vagina, die äußeren und inneren Vulvalippen, die Klitoris oder den After berühren dürfen und Berührungen nicht bewertet werden (pfui, schmutzig etc.!), kann der Umgang mit dem eigenen Körper viel sicherer, unverkrampft und positiv sein.

Mädchen müssen ihre Vagina im Alltag nicht angreifen – Jungen jedoch müssen ihren Penis berühren, wenn sie bewusst pinkeln lernen, er lädt geradezu zum Anfassen und Spielen ein. Oft lernen Mädchen auch, dass es „pfui" ist, sich an oder in der Vagina anzufassen oder gar etwas hineinzustecken. Wenn sie es tun, sagt man ihnen auch heute noch oft, sie sollten sich die Hände waschen, weil sie sich „schmutzig" gemacht hätten – besser wäre es, sie würden sich die Hände waschen, um sich dann mit sauberen Händen erkunden zu können. Mädchen lernen jedoch, sich nach dem Pinkeln meist mit Toilettenpapier zu säubern, also die Vulva mit Papier zu trocknen. Hier kann man anregen, dies liebevoll und aufmerksam zu tun (auch erwachsene Frauen ermutige ich immer wieder, diese selbstverständlichen Alltagshandlungen mit einem bewussten „Hineinspüren" in die Vulva, die Klitoris, die Vagina, unsere intimen Geschlechtsteile zu verknüpfen und einfach bewusst wahrzunehmen).

Aufgrund der einschränkenden Beurteilungen (richtig oder falsch), religiöser oder gesellschaftlicher Regeln, unserer eigenen Ängste und Erfahrungen bekommen wir unter Umständen unpassende und destruktive Bilder vermittelt – vielleicht auch, weil wir schlicht nicht wissen, wie es anders gehen kann. Was auf den ersten Blick wie eine rein körperliche Sache wirkt, hat auch große Auswirkungen auf die Vorgänge in unserem Kopf, auf unsere Gefühle und Emotionen.

Sinne entwickeln

Körper und Psyche – alles hängt also zusammen. Die Neuropsychologie weiß heute, dass auch durch Körpererfahrungen und -empfindungen Neuronen im Gehirn angelegt werden. Was das bedeutet? Je mehr positive Erlebnisse wir mit unserer Körperlichkeit machen dürfen, umso stimmiger bzw. klarer „funktioniert" der Körper und damit auch das Gehirn. Je selbstverständlicher wir unseren gesamten Körper berühren und erforschen können, umso mehr neuronale, die Empfindungsfähigkeit fördernde Verbindungen entstehen. Wiederkehrende Berührungen, die gar nicht sexuell sein müssen, können unser Lustempfinden generell, aber auch im Bereich der Vulva und der Klitoris fördern.

Sinnliche Körperwahrnehmung entsteht auf verschiedenen Ebenen – in jedem Alter, auf jeder Entwicklungsstufe. Unser Körper und unsere Psyche, das heißt unser gesamtes Wesen will sehen, hören, riechen, spüren, schmecken, tasten, die Intuition selbstverständlich integrieren und das Leben erkunden. Wir möchten dieses Erleben für uns, aber natürlich auch im Austausch mit anderen erfahren, mit Menschen, die uns inspirieren, ergänzen, spiegeln, lehren oder auch abstoßen können.

Sexualerziehung braucht Körpererfahrung

Wie gesagt, schon im Mutterleib erfährt jedes Baby instinktiv, was ihm guttut und wann es sich wohlfühlt. Zum Wohlfühlen gehört ganz eindeutig, den eigenen Körper wahrzunehmen und gut zu spüren. Das Einströmen von Blut in die Geschlechtsorgane ist ein unwillkürliches, reflektorisches Geschehen. Bei Ultraschalluntersuchungen von Ungeborenen wurde beobachtet, dass die sich entwickelnden Geschlechtsorgane einmal mehr, einmal weniger durchblutet sind und dass Vulvalippen und Penis anschwellen können.

Babys sind sehr körperlich, dadurch machen sie wichtige Entwicklungsschritte. Sie lernen zum Beispiel, welche Berührungen und Bewegungen angenehm für sie sind. Zu Beginn unserer Entwicklung erfahren wir körperliches Wohlgefühl, also so etwas wie „Erregung", hauptsächlich durch Körperanspannung oder -entspannung. Ein Baby kann steif wie ein Brett werden, wenn es laut schreit, oder entspannt und augenscheinlich glücklich, wenn es in die Windel pinkelt und die Wärme sich ausbreitet.

Es wäre ein normaler und gesunder Entwicklungsprozess, wenn wir alle Facetten ausleben könnten – ganz intuitiv lernen dürften, wie unser Körper Sinnlichkeit und Lust entwickelt, ausprobieren dürften, was gut für uns ist und was nicht und unter welchen Voraussetzungen wir uns an- oder entspannen, und vor allem, wenn all dies keiner Be- oder Abwertung unterliegen würde. Denn dann hätten wir viel mehr innere Sicherheit und einen höheren Selbstwert und es würden wahrscheinlich viel mehr zufriedene Menschen auf dieser Welt leben. Durch diesen gesunden, selbstsicheren Umgang gäbe es bestimmt deutlich weniger Machtspiele, auch auf anderen Ebenen, wir wären deutlich weniger manipulierbar, aber sicherer und neidloser. Wir wären mehr bei uns.

In unseren erwachsenen Köpfen haben wir oft völlig andere Vorstellungen von Sinnlichkeit, Körperlichkeit und Sexualität. Wir haben Bilder im Kopf, die mit der unbefangenen, kindlichen Herangehensweise nichts zu tun haben – sondern mit unseren „erwachsenen" Erfahrungen, die wir letztendlich wieder unseren Kindern „aufdrücken".

Warum Sie in einem Buch über Sex und Lust so viel über Babys lesen?

Nun, auch Sie sind irgendwann ganz natürlich und selbstverständlich in einem Mutterleib herangewachsen. Auch Sie durften frei und unbeobachtet erste Körpergefühle entwickeln. Selbst wenn die Schwangerschaft eine herausfordernde Zeit für Ihre Mutter war und sich diese Gefühle vielleicht auf Sie übertragen haben, durften Sie sich mit großer Unbefangenheit ganz natürlich in Ihrem Körper wohlfühlen. Diese Entwicklung und Erweiterung, diese Entfaltung von Körpergefühlen endet nicht mit der Geburt, sondern bleibt ein selbstverständlicher Teil des lebenslangen „Körperlernens".

Im eigenen Körper zu Hause sein

Was, wenn wir unseren Körper lieben dürften, wie er ist?

Sie kennen vielleicht den wunderbaren Film „Embrace – Du bist schön". Diese Dokumentation zeigt auf, dass ca. 91 Prozent aller deutschen Frauen mit ihrem eigenen Körper unzufrieden sind. Auch meine Umfragen (siehe Seite 22) haben diese Tendenz bestätigt, hier waren 78 Prozent der Teilnehmerinnen unzufrieden mit ihrem Körper. Wie groß die Zahl auch immer sein mag, es sind auf jeden Fall sehr, sehr viele Frauen, die ihren Körper nicht so annehmen können, wie er ist.

Werbung und Modeindustrie suggerieren uns, wie wir auszusehen haben. Allein in den vergangenen Jahrzehnten hat sich die ideale Frauenfigur immer wieder stark verändert: von stark kurvig mit schlanker Taille zu burschikos und kurvenlos, von viel zu wenig Busen (und wieder zurück), vom großen zum kleinen, knackigen Po (und wieder zurück, denken Sie an Kim Kardashian) usw. Die Schönheitsideale, die uns aktuell serviert werden, existieren real gar nicht, sondern sind durch Nachbearbeitungen am Computer entstanden. Auch wenn wir das fast alle wissen, wollen wir dem Ideal meist irgendwie entsprechen, wollen wir gefallen oder zumindest nicht völlig peinlich, das heißt aus der Norm gefallen, herumlaufen wollen wir dazugehören, „normal sein" – auch wenn sich dieses „normal" laufend ändert.

Wir „genügen" dann also nicht und sind damit lenkbar. Die großen, schlanken, meist langhaarigen und vollbusigen Teenager mit superflachem Bauch und „prachtvollem Hintern", die derzeit das Ideal der Frau sein sollen, gibt es in der Realität selten.

Mein Sex, what else?

Können wir das Selbstoptimierungsprogramm ausschalten?

Den größten Druck machen wir uns oft selbst: Wir sehen nur die neuen Fältchen, aber nicht das herzliche Lachen, durch das sie entstanden sind. Manche Frauen unterwerfen sich einem ausgeklügelten, strengen und lustlos durchgeführten Selbstoptimierungs- bzw. Selbstgeißelungsprogramm. Es gibt niemanden, der so hart über uns urteilt wie wir selbst. Zu viele von uns haben kein liebevolles oder zumindest entspanntes Körperbewusstsein. Wir gehen mit uns in einer Anspruchshaltung und Strenge um, die wir einem anderen niemals zumuten würden. Selbstkritik macht Stress. Stress bedeutet sehr oft weniger Lust. Laut „Embrace" lässt die Hälfte aller Frauen in Deutschland „etwas machen" – auch im Intimbereich. Das Gute ist: Wir können selbst damit aufhören, wenn wir erkennen, wie wunderschön wir sind, und lernen, uns Schritt für Schritt mit einem liebevollen Blick und Selbstfürsorge anzunehmen.

Den Fokus der Körperwahrnehmung lustvoller gestalten

Betrachten Sie sich im Spiegel: Wie stehen Sie jetzt gerade da? Was verändert sich, wenn Sie sich straffen und die Schultern nach hinten ziehen oder wenn Sie sie nach vorne fallen lassen? Was verändert sich, wenn Sie Ihren Nabel ganz langsam in Richtung Ihrer Wirbelsäule bewegen und dann wieder lockerlassen? Wenn Sie die Knie entspannen oder durchstrecken? Was verändert sich, wenn Sie sich vorstellen, dass an Ihrem Hinterkopf ein Seil befestigt ist, mit dem Sie jetzt aufgerichtet und nach oben gezogen werden? Möchten Sie sich eine imaginäre Krone aufsetzen? Was passiert, wenn Sie sich ein Lächeln schenken und sich selbst ein Kompliment machen? Spüren Sie einen Unterschied?

Sehen Sie im Spiegel nur jene Dinge, die Ihnen nicht gefallen? Stellen Sie sich vor, eine liebe Freundin erzählt, was sie an Ihnen mag – ist es vielleicht Ihre Augen- oder Hautfarbe? Ist es Ihr Lachen oder Ihr Busen? Sind es Ihre Wimpern, Hände, Haare, ist es Ihr toller Hintern? Natürlich können Sie auch „wirklich" einen Menschen fragen, der Sie kennt und mag – und ihm im Austausch auch gerne sagen, was Ihnen an ihm besonders gefällt (eigentlich sollte man das ohnehin öfter machen!).

Spielen Sie, wenn Sie mögen, bewusst mit Ihrer Körperhaltung und kleinen Veränderungen, auch im Alltag. Ob an der Supermarktkasse, in der Kantine, am Schreibtisch, im Auto, in der U-Bahn – erspüren Sie, dass sich Ihr Befinden relativ einfach verändern lässt und dass Sie es in Richtung Wohlbefinden lenken können, wenn Sie Ihrem Körper bewusst Aufmerksamkeit und liebevolle Gedanken schenken.

Wir bleiben ein paar Tage unter der Dusche

Jetzt wollen wir uns bewusst dem gesamten Körper, Ihrem Körper, widmen. Nein, obwohl sich diese Impulse über sieben Tage erstrecken – Zeit brauchen diese Übungen nicht, ganz klar allerdings Ihre bewusste Aufmerksamkeit! Kommen Sie mit?

Sie können die Impulse in Ihre übliche Duschsituation einbinden. Sollten Sie lieber in die Wanne steigen, adaptieren Sie die Vorschläge einfach für das Baden. Und wenn Sie die Anregungen lieber mit dem Ritual des Eincremens verbinden möchten – nur zu. Verknüpfen Sie die positive Wahrnehmung Ihres Körpers mit einer für Sie passenden Alltagssituation. Verwenden Sie einen Schwamm oder Lappen für die Körperreinigung? Möchten Sie es einmal ohne versuchen und für noch mehr Sinnlichkeit einfach nur Ihre Hände ans Werk lassen?

Die Übung wird Sie an allen sieben Tagen kaum Zeit kosten, bedarf aber einer gewissen Aufmerksamkeit. Machen Sie sich ans

Mein Sex, what else?

Werk und versuchen Sie hin und wieder, Ihre Wahrnehmungsperspektive zu verschieben. Dringende Empfehlung – für alle Tage: Es ist sehr wichtig, was Sie während der „Prozedur" denken. Sehr wohltuend wäre es, Sie könnten Ihre Gedanken in etwa diese Richtung lenken: Das ist mein weiblicher Kopf, mein weibliches Gesicht, meine weibliche Nase, mein wunderbares Gesicht, mein wunderbares Ohr ... als Frau! Gestalten Sie, wenn Sie mögen, Ihre persönlichen positiven Sätze: Das ist mein sinnlicher Busen, mein sensationeller Bauch, der mir meine Kinder geschenkt hat, das sind meine kräftigen Beine, die mich bei jedem Schritt so selbstverständlich tragen ... Vielleicht gelingt es Ihnen nicht beim ersten Mal, das, was diese Worte ausdrücken, auch zu empfinden. Probieren Sie es weiter und finden Sie heraus, wie sich die möglicherweise ungewohnten Gedanken anfühlen. Nehmen Sie sich Zeit, in Ihrem Tempo mit Ihren Gedanken zu experimentieren und sich der positiven Sichtweise anzunähern. Und denken Sie daran: Die Übung ist kein Zaubermittel, es geht hier auch keinesfalls ums Schönreden, sondern lediglich darum, diesen einen Körper so akzeptieren zu lernen, wie er jetzt gerade ist.

Wenn Sie mit einem Bereich Ihres Körpers total unzufrieden sind, dann betrachten Sie bitte im ersten Schritt Ihren Handrücken: Streichen Sie damit beim Waschen über den „verhassten" Körperteil und versuchen Sie, währenddessen zu denken: Das ist mein weiblicher Po, mein wunderbarer Po als Frau!

Igitt, meine Nase ist schrecklich, schnell weiter, wenn Sie beispielsweise so denken, verurteilen Sie diesen Körperteil, er bleibt ein „Störfaktor", den Sie mit sich herumtragen – als etwas, das Sie belastet. Ihre Nase ist nun einmal Ihre Nase. Sie haben nur diese und keine andere. Überlegen Sie einmal: Was mögen Sie an Ihrer Nase? Dass sie so viele Düfte einfangen kann? Dass sich die Haut hier ganz zart anfühlt? Gefällt Ihnen die Form der Spitze? Mögen Sie Ihre Nase im Profil? Spielen Sie mit Ihren Gedanken und probieren Sie herum. Versuchen Sie, etwas zu finden, das Sie an Ihrer Nase mögen – sie kann schließlich viel mehr, als nur mitten in Ihrem Gesicht stehen.

Mein Sex, what else?

Sie können gerne mit den Körperteilen „spielen", wichtig ist, dass Sie wirklich alle als gleichberechtigt betrachten und keine Stelle auslassen, kein Ohrläppchen und keine Vulvalippe. Und jetzt: Ab in die Dusche!

1. Tag: Kopf (Haare, Gesicht ...), Ohren, Hals, Nacken

Berühren Sie bitte ganz bewusst Ihren Kopf, während Sie unter der Dusche stehen – Ihre Haare, Ihre Kopfhaut. Wie spürt sich das an? Nehmen Sie Ihre Fingerkuppen oder auch die Handflächen? Wie ist es am angenehmsten für Sie: Wenn Sie Ihre Hände langsamer oder rascher, zarter oder fester bewegen? Was verändert sich, wenn Sie mehr oder weniger Duschgel oder Seife verwenden? Wie waschen Sie Ihr Gesicht? Nehmen Sie sich ein paar Atemzüge Zeit und spüren Sie, wie Ihre Hände die Gesichtshaut berühren.

Wie fühlt sich das für Ihre Finger an? Wie für Ihre Stirn, Ihre Nase, Ihre Ohren? Spüren Sie kleine, feine Unterschiede? Wissen Sie, wie sich Ihre Augenbrauen anfühlen? Ihr Kinn, Ihre Wangenknochen, Ihr Haaransatz? Ihre Nase oder Oberlippe? Ihre Ohrmuscheln? Die Stelle hinter dem Ohr? Wie mag der Nacken berührt werden, wie der Hals? Vergessen Sie auch nicht das Grübchen am Hals!

2. Tag: Schultern, Achseln, Arme, Hände

Widmen Sie sich heute dem Bereich um Ihre Schultern, Arme und Hände, lassen Sie keine Nische, keine Falte aus. Wie fühlen sich die kleinen Mulden an den Schlüsselbeinen an? Wie Ihre Oberarme, Ihre Ellenbögen? Ihre Achselhöhlen? Gibt es bemerkenswerte Unterschiede? Alles gehört Ihnen, wie wunderbar!

3. Tag: Dekolleté und Busen

Wie berühren Sie Ihren Busen? Ihr Dekolleté? Die Brustwarzen? Die Falte unter oder zwischen Ihren Brüsten? Tut es gut, die Brüste in den Händen zu tragen? Sie zu massieren? Manche sagen, für Frauen sollte Sexualität immer mit der Massage der Brüste beginnen. Ob das für Sie auch so ist? Widmen Sie sich so hingebungsvoll, wie

Sie mögen, Ihrem weiblichen Busen, Ihren wunderbaren Brüsten als Frau.

4. Tag: Bauch und Rücken (so gut Sie ihn berühren können)

Bei ganz vielen Frauen sieht der Bauch anders aus als auf Werbeplakaten. Ihr Bauch ist eben nicht mit Photoshop bearbeitet, er ist, wie er ist, vielleicht hat er auch Ihre Kinder getragen. In Ihrem Bauchraum sind die meisten Organe versammelt – auch sie freuen sich über Ihre Aufmerksamkeit. Wenn Sie Ihren Bauch beim Waschen mit festeren Strichen massieren möchten, beginnen Sie am besten beim rechten Hüftknochen und wandern Sie von dort im Kreis aufwärts und dann wieder zum linken Hüftknochen hinunter. Auf diese Art und Weise unterstützen Sie Ihren Darm.

Wollen Sie Bauch und Rücken verbinden? An welchen Stellen können Sie Ihren Rücken berühren? Überall, das schaffen wenige Menschen. Wo gelingt es Ihnen – oben, an den Schultern, im unteren Bereich, vielleicht bis hinauf zum Brustkorb? Binden Sie den Rücken ein, so gut es geht.

5. Tag: Hüfte, Gesäß, Geschlechtsteile, Anus

Wie spüren sich Ihre Pobacken an, wie Ihre Hüfte? Heute beachten und begreifen Sie nicht nur Ihren Hintern: Wandern Sie mit Händen und Aufmerksamkeit nach vorne und schenken Sie auch Ihrer Vulva und Ihren Vulvalippen Zeit und bewusste Berührungen. Begreifen Sie die Falte zwischen Ihren Schenkeln, lassen Sie Ihre Finger zwischen Ihre Pobacken wandern, so wie es für Sie angenehm und passend ist. Das ist meine Hüfte, mein Anus, meine Vagina, das sind meine Vulvalippen ... als Frau, meine wunderbar weiblichen Geschlechtsteile.

6. Tag: Oberschenkel und Knie

Lieben Sie Ihren Hintern? Dann nehmen Sie ihn, wenn Sie mögen, heute wieder mit. Wandern Sie über Ihren Po die Oberschenkel entlang, fühlen Sie die weichere Innenseite und die vielleicht strammere Außenseite. Mit welchem Schenkel beginnen Sie? Gibt

Mein Sex, what else?

es einen Unterschied zwischen Ihrem linken und Ihrem rechten Schenkel? In jedem Fall sind es Ihre fraulichen, weiblichen, wunderbaren Oberschenkel, genießen Sie sie! Lassen Sie Ihre Finger und Handflächen dann bis zu den Kniekehlen kreisen, spüren Sie Ihre Knie, Ihre Kniescheiben.

7. Tag: Unterschenkel und Füße

Zu guter Letzt sind die wunderbaren Unterschenkel und Füße dran, jene Körperteile, die uns bei jedem Schritt unterstützen. Vielleicht widmen Sie den Zehen und Zehenzwischenräumen besonders viel Aufmerksamkeit? Oder lieber den Fußsohlen und Fersen? Den Knöcheln, Waden oder Schienbeinen?

Sie können diese Wahrnehmungsübungen zu einem täglichen Ritual machen, Ihr Körper wird es Ihnen danken! Wie gesagt (und mittlerweile wohl auch erfahren): Es kostet keine Zeit, sondern lediglich Aufmerksamkeit.

Mit großer Wahrscheinlichkeit gehören Sie zu jenen Menschen, die eine gute Bildung genossen haben und deren Grundbedürfnisse gesichert sind – Sie haben eine Wohnung, in der Sie, wenn's kalt ist, nicht frieren müssen, verfügen über genügend Essen und Kleidung und dürfen sicher schlafen. Zudem fühlen Sie sich anderen Menschen zugehörig und sind so weit gefestigt, um sich mit Ihrer persönlichen Entwicklung befassen zu können. Das ist nicht für alle Menschen selbstverständlich. Seien wir dankbar für das, was wir haben, und nicht zu streng mit unseren Speckröllchen oder Augenfalten, mit dem zu kleinen oder zu großen Busen, der „falschen" Kleidergröße, den viel zu schmalen oder zu üppigen Lippen ...

Sie haben die Wahl: Die Bewertung Ihres Körpers entsteht in Ihrem eigenen Kopf und macht entweder Stress, weil Sie vermeintliche Mängel sehen, oder sorgt für Entspannung und

Gesundheit: Eine ablehnende Haltung hat nur negative Folgen, investieren Sie stattdessen in die Entwicklung guter und nährender Gedanken. Ihr eigenes Denken kann Sie sehr dabei unterstützen, Ihr Leben und Ihren Körper wieder positiv und liebevoll wahrzunehmen. Fakt ist: Ihr Körper ist der beste, den Sie haben – er verdient es, dass Sie ihn wohlwollend betrachten, gut für ihn sorgen und liebevoll über ihn denken.

Es ist ausschließlich dieser Körper, der uns durch unsere Sinne Wohlgefühl wahrnehmen sowie Lust und Erregung, Freude und Liebe empfinden lässt – warum kämpfen wir so oft gegen ihn? Es könnte so viel einfacher sein, ihn zu nehmen, wie er ist, und ihn in allen Belangen für ein gesundes Wohlbefinden zu fördern. Was würde sich zum Positiveren verändern, wenn Sie sich eine andere, „weichere" Brille aufsetzten? Gönnen Sie sich den Versuch? Die folgende Anregung kann eine Orientierung sein und will Ihnen helfen, diesen Blickwinkel zu kultivieren.

> „Gesundheit ist nicht alles, aber ohne Gesundheit ist alles nichts."
> Arthur Schopenhauer

Eine kleine mentale Herausforderung

Was ist das überhaupt: sinnlich, erotisch, sexy? Trifft das immer nur auf die anderen zu? Notieren Sie zumindest drei Dinge, die Sie an anderen Frauen wirklich besonders sinnlich, erotisch oder sexy finden, egal ob Sie diese Merkmale alle in einer Person entdecken oder an mehreren. Sind es die sinnlichen Lippen, ist es der Gang oder das Lachen Ihrer besten Freundin? Nehmen Sie sich die Zeit, die Sie brauchen, um herauszufinden, was am besten entspricht. Haben Sie alles notiert? Bitte lesen Sie erst weiter, wenn Sie diese Notiz gemacht haben! Ich warte so lange.

Lesen Sie jetzt, am besten laut, was Sie aufgeschrieben haben. Und stellen Sie dann jedem sinnlichen, erotischen, sexy Attribut ein „Ich genieße an mir ..." voran. Sagen Sie beispielsweise: Ich genieße an mir meine sinnlichen Lippen.

Was macht das mit Ihnen? Denken Sie, dass das ja gar nicht stimmt? Probieren Sie es noch einmal! Sie allein bewerten Ihre Lippen. Natürlich sehen diese anders aus als die Lippen Ihrer besten Freundin, es sind ja auch Ihre – trotzdem: Sagen Sie es noch einmal ...

Diese kleine Übung zeigt auf, was wir selbst gerne hätten, also wo wir unter Umständen unsere „Defizite" sehen, und möchte diese Bewertung aufweichen.

Ihr neues Motto könnte heißen: Ich heile mich selbst und andere durch den Austausch von Lebendigkeit, Sinnlichkeit, Lust und Zärtlichkeit.

Perspektivenwechsel:
Wir wissen nie, welche Trends auf uns zukommen werden. Man stelle sich vor, plötzlich ist nicht mehr Jugendlichkeit, sondern „50 plus, natürlich und faltig" DAS Schönheitsideal (vielleicht wegen der Babyboomer-Generation)? Oder der üppige weibliche Körper, der Wohlstand und Fitness ausdrückt?

Ein „Makel" macht Karriere

Was wäre, wenn sich jemand gerade wegen Ihrer vermeintlichen Makel genau Sie aussucht, weil gerade Sie die richtige sind? Erinnern Sie sich an Cindy Crawford und ihr Muttermal? Zu Beginn ihrer Modelkarriere sagten ihr alle, sie müsse es wegnehmen lassen – letztendlich wurde es ihr Markenzeichen. Oder denken Sie an Kim Kardashian und ihr bemerkenswertes Gesäß. Anfangs machten sich viele darüber lustig, jetzt gibt es tatsächlich entsprechende Implantate für den Hintern – damit er am besten aussieht wie ein umgekehrtes Herz, das in einer ultraschlanken Taille endet. Vermutlich wäre weder Cindy Crawford noch Kim Kardashian ohne ihren „Makel", also ihre Besonderheit, so berühmt geworden.

Jede Vulva, jede Vulvalippe, jede Vagina sieht anders aus

Wir alle sind Unikate. Und im Grund wollen wir, obwohl wir versuchen, dem gängigen Schönheitsbild zu entsprechen, auch besonders sein. So unterschiedlich unsere Gesichter und Fingerabdrücke, so unterschiedlich sind auch unsere Muschis und unsere Vulvalippen. Es gibt helle, dunkle, große, schmale, rosige und braune, faltige und glatte usw. usf. Im Film „Embrace" oder auf der Plattform omgyes.com (Oh my God Yes!) können wir sehen, wie unterschiedlich unsere Vulven nackt aussehen und wie schön jede Einzelne von ihnen ist – weil sie eben zum gesamten Körper passt. Schade, dass auch hier der Trend in Richtung Uniformierung geht. Anscheinend ist niemand zu jung dafür, sich messerscharf anzupassen. Was, wenn der Modetrend umschlägt?

Den Blickwinkel verschieben

Sie erinnern sich? Wir nehmen nur einen äußerst geringen Teil aller Sinneseindrücke, etwa 0,002 Prozent, bewusst wahr – mehr kann unser Gehirn trotz all seiner Möglichkeiten nicht gleichzeitig verarbeiten (von elf Millionen Sinneseindrücken sind es rund 40 bis 100, ja, Zahlen mit ganz wenigen Nullen hinten dran!).

Diese Angaben stammen aus der Hirnforschung, ich würde mich aber nicht daran festbeißen, denn wer weiß schon, wie genau sich die hundert Prozent zusammensetzen? Aber selbst, wenn man hier um eine, zwei oder sogar drei Kommastellen korrigieren müsste, klar ist: Wir können die komplette Wirklichkeit einfach nicht sehen. Im Austausch mit anderen erweitern wir jedoch immerhin unsere Perspektive.

Du siehst, was du denkst: Es gibt keine objektive Sichtweise, weil jeder Einzelne nur von seinem Blickwinkel aus erzählt. Üblicherweise sagen wir „objektiv" zu dem, was „normal" ist, also die Mehrheit macht und tut. Wer aber lenkt die Mehrheit? Was, wenn die Mehrheit, beispielsweise durch globale Krisen, ihre Perspektiven, Maßstäbe, ihre Werte verändert? Wollen Sie ab jetzt auch aktiv einen Teil dazu beitragen, dass die Mehrheit der Frauen sich selbst mit all den Besonderheiten, Talenten und Begabungen, Stärken und Schwächen, Vorlieben und Abneigungen, mit ihrem Aussehen, ihrem Alter und ihrem Körper lieben kann bzw. lernt? Damit mehr von uns in der Lage sind, die strahlend schönen, selbstsicheren und freien Wesen, die wir in jedem Fall auch immer sind, zu spüren, zu sehen und zu leben?

Es könnte so einfach sein – stärken wir einander und verschenken wir doch ehrliche Anerkennung, Unterstützung für ein gutes Miteinander und wohltuende Worte wie auch Komplimente, wo es geht.

Verteilen Sie herzerwärmende Geschenke

Tendenziell sind wir mit uns selbst besonders streng – wie wäre es, wenn Sie sich im engsten Freundinnenkreis öfter sagen würden, was Sie aneinander mögen, was Sie schön finden? Was sinnlich und sexy an der anderen ist? Ist es das Lachen oder sind es die Augen? Finden Sie, Ihre Freundin hat eine unglaublich warme Ausstrahlung, den kreativsten Geist, den Sie kennen, vielleicht ein besonders einladendes Lachen, einen sensationellen Po oder genau den Lippenschwung, den Sie besonders sinnlich finden? Warum sind Sie gerade mit dieser Frau so gerne befreundet? Machen Sie einander ehrlich gemeinte Komplimente, das ist Seelenbalsam für Sie beide!

Ich habe in mancher Frauenrunde erleben dürfen, wie unfassbar herzerwärmend und schön es sein kann, einander offen und ehrlich positives Feedback zu geben. Da ist auch schon manche Träne der Rührung und Freude geflossen, sogar bei Worten von „fremden" Frauen, die uns womöglich gar nicht lieben, aber bewusst das Besondere in uns suchen. Wie schön, wenn wir plötzlich „mit einem liebevollen Blick" betrachtet werden, wenn wir wertschätzend wirklich gesehen werden, das tut unsagbar gut, macht zufrieden und heilt so manche Wunde.

Wenn Sie gerade hören dürfen, was eine Freundin an Ihnen besonders mag, so tun Sie sich bitte selbst einen großen Gefallen und suchen Sie nicht gleich nach dem Aber. Hören Sie einfach zu und sagen Sie dann einfach nur DANKE. Punkt. Ein „Aber ..." wehrt und wertet ab, mit einem Danke dürfen wohltuende Worte ankommen. Mit dieser einfachen Übung – die oft auf Anhieb gar nicht so leicht fällt – kann es wirklich gelingen, einen wertvollen und positiven Impuls für einen frischen Blick auf das eigene Erscheinungsbild zu bekommen.

Unzufriedenheit mit uns und unserem Körper fördert Stress, raubt Kraft und mindert das Wohlgefühl. Also: Welche Gedanken wählen Sie jetzt?

LEBENDIGKEIT UND (LEBENS-)LUST

Lebendigkeit – jetzt?

Lebensfreude, Lebendigkeit, Freude, Leichtigkeit, Unbeschwertheit, Begeisterung. Für jede Frau, für jeden Menschen gibt es unterschiedliche Situationen und Augenblicke, denen wir uns ganz hingeben wollen, in denen wir ganz im Moment sind, uns ganz lebendig fühlen.

In diesem Kapitel widmen wir uns der Lebendigkeit generell. Es geht ja immer ums „Ganze", wir sind ja immer ganz dabei oder eben nicht, mit all unseren Bedürfnissen, Facetten, Freuden ... Wann, wodurch, mit wem, womit ... springt bei Ihnen die Lebenslust an? Mit anderen Worten: Was bedeutet es generell für Sie persönlich, lebendig zu sein? Wann haben Sie sich das letzte Mal intensiv so gefühlt, wann waren Sie das letzte Mal so richtig wach? Was haben Sie selbst dazu beigetragen? Oder hat es sich einfach ergeben? Lassen Sie sich Zeit und Ihre Gedanken schweifen – in die Vergangenheit einerseits, aber auch in die Zukunft. Was kennen Sie schon als wohltuend, lebendig, freudig und wonach sehnen Sie sich, wovon darf es erstmals oder mehr geben?

Wollen Sie endlich den lange erträumten Fallschirmsprung wagen und mit allen Sinnen durch die Lüfte „schweben"? Möchten Sie mit jemandem, der Ihnen nahesteht, herzlich lachen? Möchten Sie wieder einmal ganz bewusst im Augenblick da sein? Wollen Sie etwas Neues erleben? Sich aus der Komfortzone wagen?

Lebendig fühlen wir uns meist ganz von selbst, nämlich dann, wenn unsere Sinne etwas zu tun haben, also wenn wir etwas Neues, Intensives oder Unerwartetes erleben – zum Beispiel, wenn wir einer interessanten Person begegnen, frisch

verliebt sind, einen sensationellen Song hören, der uns richtig unter die Haut geht, oder einen Film sehen, der uns begeistert, berührt. Wir fühlen uns wach und lebendig, wenn wir einen neuen Ort oder eine andere Kultur kennen lernen, wenn wir mit jemandem ein gutes Gespräch führen, bei dem wir durchaus nicht immer einer Meinung sein müssen, oder wenn wir einfach nur etwas Feines bewusst zum oder wie beim ersten Mal schmecken. Es sind diese kleinen Augenblicke und Überraschungen, die wir nur bemerken, wenn wir nicht durchs Leben hetzen. Besonders lebendig auf allen sinnlichen Ebenen fühlen wir uns natürlich auch, wenn wir auf erotischer Ebene, in unserer ganzen Körperlichkeit etwas Wohltuendes, Intimes, Neues oder Überraschendes erleben.

Wussten Sie, dass Menschen, die Beziehungskrisen durchleben oder sich in eine Affäre stürzen, das meist tun, weil sie tief drinnen eine Sehnsucht nach ihrer eigenen Lebendigkeit haben, die im Alltag keinen Platz findet? Dass manche deswegen sogar ihre Beziehung beenden? Wir alle wollen auch Leichtigkeit und Freude leben, wollen gerne mal aus dem Alltag mit all seinen Sorgen ausbrechen. Wenn es Ihnen in einer Beziehung auch gemeinsam gelingt, sich immer wieder lebendige, freudige, auch unerwartete Erlebnisse ins Leben zu holen und sich darauf einzulassen, ist es also nicht nur unglaublich wohltuend für Sie persönlich, sondern kann auch Ihre Beziehung stabilisieren und „frisch" in Schwung bringen.

Wann sind Sie ganz in Ihrem Element?

Sind es Aktivitäten wie Bewegung, Sport oder Tanz, die Ihnen Lebendigkeit schenken? Ist es eine handwerkliche Tätigkeit oder ein kreativer, vielleicht sogar künstlerischer Prozess? Wann sind Sie ganz für sich in Ihrem Element und wann mit anderen? Welche Menschen in Ihrem Umfeld fördern dies? Oft hilft es schon, sich den gegenwärtigen Moment mit allen Sinnen bewusst zu machen, um zu erkennen, dass es viele lebendige Augenblicke gibt, wir brauchen uns nur darauf einzulassen.

Funktionieren oder genießen?

Im Alltag können die angenehmen und sinnlichen Wahrnehmungen recht rasch auf der Strecke bleiben, weil wir viel zu tun haben, die Zeit knapp ist, der Druck oft groß. Keiner schreit danach, liebevolle Achtsamkeit mit sich selbst oder auch Zuwendungen sind ja nicht lebensnotwendig – und deswegen leider schnell verloren. Das Schöne ist, Sie können jederzeit, auch gerade jetzt, entscheiden: Ich möchte meine entspanntere, leichtere, fröhlichere oder sinnlichere Seite wieder mehr leben, ich möchte mich freier entfalten können.

Darf ich Sie an dieser Stelle nochmals einladen, sich an Momente in Ihrem Leben zu erinnern, in denen Sie sich ganz wohlgefühlt haben? Vielleicht, weil Sie einen wunderbaren Sonnenstrahl in Ihrem Gesicht gespürt haben? Erinnern Sie sich an das Gefühl von Freude, das Sie mit einem lieben Menschen geteilt haben? Können Sie eine liebevolle Umarmung auch jetzt noch nachspüren? Wissen Sie noch, wie Sie bei einer wohltuenden Massage jede Berührung genossen haben? Lächeln in jemandes Augen gezaubert haben? Oft sind es diese kleinen, beinahe selbstverständlichen Augenblicke, die uns nähren, stärken und durch den Tag tragen können – manchmal ist ein Hauch von Wohlgefühl nur einen Gedanken entfernt.

Gestalten Sie Ihr wachsendes Wohlfühl-Moodboard

Sammeln Sie – ob real oder virtuell – Erinnerungen, Worte, Fotos, Komplimente, Geschichten und Wohlgefühle von Situationen, in denen Sie sich ganz lebendig, ganz in Liebe, entspannt oder fröhlich gefühlt haben. Sammeln Sie alles, was da war oder noch immer da ist und was Ihnen jetzt schon guttut, Sie aber vielleicht nicht mehr bewusst im Blick haben. Oft taucht viel mehr auf, wenn wir uns und diesen Qualitäten wieder Raum und Zeit geben. Schreiben, zeichnen oder kleben Sie diese Schätze entweder in ein Heft oder gestalten Sie eine – virtuelle – Pinnwand. In welcher Form auch immer, beschenken Sie sich damit. Nehmen Sie Ihre Vision in dieses bunte Bild auf: Welche Wohlfühl-Qualitäten möchten Sie noch stärker leben? Mehr Lust? Mehr Sinnlichkeit? Was können Sie selbst dazu beitragen? Worauf freuen Sie sich?

Mit diesem Moodboard haben Sie einerseits immer vor Augen, wie wertgeschätzt, geliebt und wunderschön Sie jetzt schon sind. Zugleich können Sie es dazu nützen, sich selbst immer wieder an die wichtigen Aspekte und Qualitäten in Ihrem Leben zu erinnern, und daran, diese bewusster zu genießen oder zu vermehren. Nehmen Sie sich immer wieder Zeit, diese ganz aufmerksam zu betrachten und weiterzuentwickeln.

Unsere Angelegenheit

Das Leben verführt uns ununterbrochen: Wir beschäftigen uns mehr mit den Angelegenheiten anderer, jenen des Partners, der Kinder, der Chefin, wir widmen uns unserer Arbeit, der Gesellschaft, den Weltgeschehnissen – und vergessen dabei oft vollkommen darauf, unsere Lebendigkeit und (Lebens-)Lust zu nähren, vergessen auf uns selbst. Ab jetzt nicht mehr, oder?

Emotionale Berührung beginnt bei uns selbst

Stellen Sie sich vor, Sie sind in der Natur unterwegs. Sie treffen Menschen, die Ihnen schöne Plätze zeigen, die Sie einladen, ein Stück des Weges mitzugehen. Sie sind neugierig und sammeln viele, überwiegend schöne Erfahrungen. Trotz dieser kleinen Umwege haben Sie Ihr eigenes Ziel immer vor Augen, finden allein den Weg zurück, weil Sie instinktiv wissen, wohin es gehen kann. So schreiten Sie fröhlich und motiviert voran.

Doch dann, ganz plötzlich, stehen Sie vor einer Weggabelung und wissen nicht, in welche Richtung Sie weitergehen sollten. Vielleicht waren Sie in Gespräche verwickelt oder in Gedanken versunken, wollten zu viele andere Aufgaben erfüllen, sind zu sehr auf die Wünsche anderer eingegangen ... Auf jeden Fall haben Sie Ihre Bedürfnisse, Ihre Sehnsüchte, ja, Ihr Ziel aus den Augen verloren. Vielleicht haben Sie nicht ganz vergessen, warum Sie sich auf den Weg gemacht haben, aber jetzt im Augenblick fühlen Sie sich orientierungslos. Der Moment des Erkennens schmerzt. Niemand kann Ihnen Ihren Weg zeigen. Aber fast jeder, dem Sie jetzt begegnen, lädt Sie ein, mitzukommen – seinen Weg mitzugehen. Da, wo Sie sind, gibt es auch kein Internet, Sie können keine App befragen, wie Sie nun ans Ziel kommen sollen. Sie merken, dass Sie gerade ganz allein dastehen. Das verwirrt Sie zwar noch mehr, aber gleichzeitig wird Ihnen auch bewusst, dass Sie in Wirklichkeit nur Ruhe brauchen, um sich sortieren zu können. Vielleicht erkennen Sie jetzt erst, wie oft Sie ohne innere Orientierung, ohne klare Haltung auf die Anforderungen des Lebens reagieren – statt selbst zu agieren und Schritte zu setzen.

Sie suchen sich einen Platz, an dem Sie durchatmen können, setzen sich und kommen erst einmal da an, wo Sie sind. Sie konzentrieren sich ganz auf sich und den Moment. Wie fühle ich mich jetzt? Wo bin ich gelandet? Vielleicht spüren Sie seit langem wieder einmal, wie es Ihnen geht. Weil Sie wissen, dass Sie noch genügend Wasser und Proviant haben, und weil allem Anschein nach auch das Wetter halten wird, haben Sie keine Angst. Sie gönnen sich eine Jause und halten ein kurzes Schläfchen. Frisch gestärkt und ausgeruht durchsuchen Sie Ihren Rucksack nach dem Kompass und der altmodischen Landkarte aus Papier, die Sie eingesteckt haben. Wow, denken Sie, wann habe ich das jemals wirklich gebraucht? Obwohl Sie keine Übung haben, gelingt es Ihnen, den Norden zu finden. Sie studieren die Landkarte und langsam steigt eine Ahnung auf: Ja, so könnte es weitergehen. Der erste Schritt ist getan, mit jedem weiteren wird das Bild klarer: Sie wissen immer besser, wohin es Sie zieht. Der Weg entsteht im Gehen. Wenn die Richtung stimmt, lässt er sich ganz leicht finden.

Diese Geschichte ist eine Metapher über unsere Selbstwahrnehmung – und damit über unsere Lust. Sie will uns daran erinnern, dass unsere Sehnsüchte und Bedürfnisse immer wieder auf halbem Weg verlorengehen können, wenn wir uns ablenken lassen, im Außen verlieren und selbst nicht mehr spüren.

Wenn wir öfter bei uns wären, müssten wir nicht so oft außer uns sein!

Einladung zu einer geführten Meditation
„Sinnlicher Kraftplatz"

Lust braucht (Frei-)Raum

Nun zur Lust, die sich ja auf einem Boden, den Sie in den letzten Absätzen schon gut nähren konnten, viel lieber zeigt, viel leichter entfalten kann: Es gibt Wege, sich die Lust zurückzuerobern, Möglichkeiten, zu probieren, zu begreifen und – mit möglichst vielen Sinnen – Spielräume zu finden. Wagen Sie den Versuch und erlauben Sie sich, kleine Inseln aus dem Alltag herauszuholen, um sich wieder einmal zu spüren.

Was macht Ihnen Lust? Im ersten Schritt geht es noch nicht um Sex, oder sagen wir so: Es kann, muss aber nicht darum gehen. Das Wort Lust wird meist rasch der Sexualität zugeordnet. Aber haben Sie zum Beispiel nicht auch Lust auf Schokolade, Lust auf Bewegung, frische Luft oder einen Spaziergang? Lust auf eine wohltuende Begegnung oder eine Umarmung? Wie oft denken oder sagen wir, dass wir zwar keine Lust haben, aber dennoch ins Meeting gehen, den lästigen Anruf erledigen, den Geschirrspüler ausräumen etc. Achten Sie einmal darauf, wie oft und bei welchen Gelegenheiten Sie das Wort Lust oder Unlust verwenden.

Leider lässt sich in einem gestressten, schnellen Leben, in dem wir in vielen Rollen funktionieren müssen, kaum auf entspannte und sinnliche Lust sowie bewusste Wahrnehmung mit tiefer Entspannung umschalten. Wenn Sie das beherrschen, dann treten Sie bitte mit mir in Kontakt, ich lerne immer wieder gerne dazu! Stress ist in ganz vielen Fällen der Hemmschuh, der verhindert, dass wir Genuss und Lust empfinden – ganz generell auch die Lust aufs Leben.

Wir können uns jedoch bewusst ein wenig Zeit gönnen, um wieder mehr ins Spüren zu kommen – eigentlich ganz leicht im Alltag und fast jederzeit, auch wenn wir das nicht so wahrnehmen. Lust und Genuss hängen eng zusammen, wir gehen bei beiden Gefühlen voll im Moment auf und nehmen sinnlich wahr.

Die fehlenden zehn bis 15 Minuten täglich

Wie viel Gelegenheit ergibt sich in Ihrem Alltag für Momente der Besinnung? Keine? Ist alles zu dicht? Können Sie sich keine zehn Minuten täglich nehmen, um sich um Ihr Wohlbefinden zu kümmern? Wirklich nicht? Ich möchte Sie hier ganz liebevoll daran erinnern, dass jeder einzelne Tag, den wir erleben, genau 1.440 Minuten hat, in Worten eintausendvierhundertvierzig. Ist Ihnen das bewusst? Darf ich Sie nun nochmals fragen: Möchten Sie zumindest probieren, von diesen 1.440 Minuten zehn oder 15 abzuzweigen und für sich selbst, Ihr genussvolles Spüren, Ihre genussvolle Lust zu reservieren, was auch immer das für Sie persönlich bedeutet?

Wobei und wie können Sie gut genießen? Sind Sie eher ein visueller Typ? Oder tun Ihnen Stimmen, Musik, Töne besonders gut? Mögen Sie Berührungen? Geschmäcker? Gerüche? Meine Anregung möchte Ihnen als Inspiration dienen: Widmen Sie sich ganz bewusst Ihrer Lust und Ihrem Genuss. Kleine Frage zwischendurch: Worauf haben Sie jetzt Lust? Jetzt gerade?

Wir sind begabt

Ich wünschte, es wäre ein viel zu düsteres Bild, das ich hier zeichne: Zu viele Menschen laufen mehr oder weniger ständig „auf Autopilot". Wir funktionieren, halten durch, wiederholen, was wir schon kennen, wir fühlen uns gefangen und verlieren so manchmal recht rasch und ohne es zu bemerken den Zugang zu einer gesunden, sinnlichen Wahrnehmung. Stattdessen ernten wir Frust, Lustlosigkeit, bemerken unsere Möglichkeiten nicht mehr und können sogar den Zugang zu unseren Gefühlen verlieren.

Tatsächlich „verwenden" wir alle fünf klassischen Sinne (Sehen, Riechen, Spüren, Schmecken und Hören), unsere

Fähigkeit zur Wahrnehmung von Temperatur und Bewegung sowie Intuition oder Körperbalance so gut es geht ganz automatisch und – meist – unbewusst. Das unterstützt uns natürlich dabei, Situationen und Stimmungen rasch wahrzunehmen – was letztendlich sogar überlebensnotwendig sein kann. Viele Kommunikationsgurus sagen etwa, Kommunikation bestehe nur zu ca. sieben Prozent aus dem gesprochenen Wort, der Rest sei Mimik, Gestik, innere Haltung wie auch jene des Körpers, Körperwahrnehmung, Stimme – und „Stimmung", also das, was wir mit all unseren Möglichkeiten mehr oder weniger spüren (unser Empfinden kann jedoch sehr unterschiedlich sein, manche nehmen mehr optische Details wahr, andere hören feinere Töne).

> „Lebe das, was du anziehen möchtest."
> Veit Lindau

Ich denke, auch in der Sinneswahrnehmung sind wir grundsätzlich viel begabter, als wir üblicherweise „ausleben" – diesen Feinsinn zu kultivieren wurde uns nur leider nicht beigebracht, sondern geradezu abtrainiert. Wir bemerken, wenn ein Lebensmittel verdorben ist und stinkt, lassen los, wenn wir einen zu heißen Gegenstand angegriffen haben ... Aber: Auch wenn unsere Sinne gut funktionieren, kann es sein, dass wir von Lust, Genuss oder Sinnlichkeit meilenweit entfernt sind.

Lassen Sie sich nun mitnehmen auf eine kleine Forschungsreise, um Ihre Sinne wieder mehr für Ihre bewusste Wahrnehmung zu schärfen. Denn so können Sie recht einfach und spielerisch mit Ihrer Lebendigkeit, Ihrer Intuition und Lebensfreude wieder in Verbindung kommen. Geschärfte Sinne sind Grundvoraussetzung für das Leuchten in den Augen, durch sie können wir erleben, wird unser Gehirn angeregt, schaffen wir Erinnerungen. Sie ermöglichen, dass man sich tatsächlich für etwas begeistert und sogar Euphorie oder Ekstase entstehen kann. Wenn Sie wieder einen intensiveren Zugang zu Ihren

Sinnen gefunden haben, sind Sie sensibler und bewusster im Hier und Jetzt, also im Moment, angekommen.

In Sinnlichkeit eintauchen (ca. fünf Minuten)

Diese kleine Übung möchte Sie recht komprimiert in den Gebrauch Ihrer Sinne einführen. Sie kommt aus der „Mindfulness-Based Stress Reduction" (MBSR) und soll Ihnen zeigen, wie Sie den Zauber des Anfangs einfangen und Ihren Erkundungsgeist anregen – die Methode lädt Sie also ein, etwas so neugierig zu erforschen, als wäre es tatsächlich vollkommen neu für Sie.

Nehmen Sie einen – gut gewaschenen – Apfel, eine Birne etc. oder auch „nur" eine Rosine oder anderes getrocknetes Obst zur Hand. Machen Sie die folgende Übung wirklich langsam und lassen Sie die einzelnen Eindrücke auf sich wirken.

» Im ersten Schritt legen Sie das Obst einfach vor sich hin und betrachten es in aller Ruhe und ganz intensiv: Was sehen Sie? Was genau?

» Wenn Sie es dann in die Hand nehmen: Sehen Sie nun viel mehr? Wie fühlt sich der Apfel, die Rosine an? Erspüren Sie die Frucht: Ist sie glatt, weich, fest, samtig, kühl etc.?

» Nehmen Sie das Stück Obst nun und halten Sie es direkt unter Ihre Nase. Riechen Sie daran, schnuppern Sie: Wie ist sein Duft, zart oder intensiv? Mögen Sie seinen Geruch?

» Wenn Sie das Obst nun vorsichtig zum Ohr führen: Können Sie etwas hören – zum Beispiel, wenn Sie es ganz leicht zwischen Ihren Fingern bewegen? Lassen Sie sich Zeit und hören Sie genau hin.

» Dann berühren Sie die Birne, die getrocknete Banane … mit Ihren Lippen – spüren Sie die Frucht? Ist sie feucht oder trocken? Was passiert in Ihrem Mund? Läuft Ihnen dort vielleicht das Wasser zusammen?

» Nehmen Sie das Obst nun und legen Sie es auf Ihre Zunge. Was empfinden Sie? Vergleichen Sie das Gefühl auf den Lippen mit dem Gefühl auf der Zunge: Ist es ähnlich oder gleich?

» Nun dürfen Sie einmal „zubeißen". Schieben Sie den Bissen vorsichtig im Mund herum. Was können Sie beobachten? Hat das Obst an unterschiedlichen Stellen auf der Zunge einen anderen Geschmack?

» Kauen Sie nun langsam und bewusst, halten Sie dabei aber manchmal inne. Kauen Sie so lange, bis das ganze Stück fein zermahlen ist. Schlucken Sie dann, bis Sie nichts mehr im Mund haben und spüren Sie dem Obstbrei ganz bewusst bis in den Rachenraum nach.

Diese Übung ist auch alltagstauglich: Sie können sie beispielsweise immer mit dem ersten Bissen eines Essens durchführen. Viel Freude dabei!

DIE ENTSCHEIDUNG FÜR DIE LUST AM SEX

Viele Menschen glauben immer noch, dass die Lust am Sex entweder von selbst kommt oder nicht. Ganz so, als ob Sexualität ein eigenständiges Wesen wäre, das wir nicht beeinflussen können, ganz so, als ob die Lust kommt und geht, wie sie will. Klar, die Lust kommt von innen, „es regt sich etwas in uns". Sie ist jedoch kein selbstständig und von allein stattfindendes Ereignis, das sich zwischen zwei Menschen irgendwann leider weniger und oft auch gar nicht mehr wiederholt („da kann man nichts machen"). Viele scheinen dennoch gemäß diesem Glaubenssatz zu leben: Geht die Lust, sucht man sich jemand Neuen und fängt mit ihm wieder von vorne an. Bis dort die Lust geht ...

Ja, es stimmt, Lust braucht meist „einiges" – Entspannung, Freiräume, Sinnlichkeit, natürlich auch anregende Begegnungen und für jede und jeden von uns noch das eine oder andere mehr. Oft geben wir dem, was unsere Lust und Sinnlichkeit, unsere Entspannung fördern könnte, keinen Raum, keine Zeit. Dadurch „legen wir" unbewusst ganz viel auf unsere Lust-Bremse, wir verschütten die Leichtigkeit, den Genuss, die Erotik geradezu. Das Schöne ist: Diese Bremse können wir auch bewusst wieder lösen, unsere Lust wieder ausgraben. Lust ist also eindeutig auch eine Frage der Entscheidung, sie ist immer wieder und oft recht einfach „einladbar" – und ein ganzes Leben lang gestaltbar.

Viele Frauen genießen und gestalten - werden wir mehr

Es ist nie zu spät, die eigene Sexualität zu erforschen und zu entwickeln, sodass wir sie immer lustvoller leben können. Wir starten dabei alle von unterschiedlichen Punkten, je nachdem,

Mein Sex, what else?

welche Einstellung und Glaubenssätze wir in Bezug auf Sexualität entwickeln durften und konnten, welche Erlebnisse und Erfahrungen wir damit verbinden. Bei meinen Umfragen (siehe Seite 22) kam übrigens auch heraus, dass es sehr wohl Frauen gibt, die sagen: Ich habe den besten Sex, den ich mir wünschen kann (was auch immer das genau bedeutet), Sex macht mich schöner und jünger, Sex mit dem richtigen Partner ist genial, Sex mit meinem Freund ist für mich sinnlich und anregend – auch wenn einer von uns nicht zum Orgasmus kommt, ich genieße Sexualität gerne auch allein, wenn mein Partner nicht so viel möchte wie ich – oder wenn ich gerade in keiner Beziehung bin und niemanden habe, mit dem ich Sexualität leben kann, es ist wichtig, dafür zu sorgen, dass man bekommt, was man braucht und will.

Den Blickwinkel gestalten

Wer sein Leben genussvoll und freudig gestalten kann, zieht auch andere genussliebende, freudige Menschen an – sagt das Gesetz der Anziehung. Gleich und gleich gesellt sich wohl gerne. Strahlen Sie jedoch Bedürftigkeit aus (ganz oft läuft das sehr unbewusst ab), haben Sie eine Sogwirkung auf andere bedürftige Menschen. Es ist also wesentlich freudvoller und lebendiger, sich selbst Zeit zu nehmen, um herauszufinden, was und wie man leben und lieben will. Denn wenn wir uns dies bewusster machen, ziehen wir einfacher Menschen in unser Leben, die genau das auch leben wollen.

Darf das wirklich sein?

Wie wäre es, wenn Sie sich jetzt ganz ausdrücklich selbst die Erlaubnis geben, gute, also für Sie persönlich passende, authentische, freudige, dem Augenblick entsprechende Sexualität leben zu dürfen? Lustvoll, selbstbewusst? Hingebungsvoll, spielerisch, frei!? Und zwar genau so, wie es für Sie passt? Weil es Ihnen gut gehen darf und Sie richtig sind, wie Sie jetzt sind. Ja, genau so, wie Sie jetzt sind, sind Sie genau jetzt richtig, glauben Sie mir!

Welche Gedanken tauchen da auf? Was darf jetzt sein? Dürfen Sie verführen, genießen, sich wirklich fallen lassen? Dürfen Sie geil oder fordernd, zart oder weich sein? Ihre Fantasien erzählen oder umsetzen? Dürfen Sie in Ihre höchstpersönliche erotische Welt einladen? Was dürfen Sie alles, wenn Sie wollen? Und was wollen Sie noch? Welche Grenzen tauchen in Ihrem Kopf auf?

Wollen Sie auch hinter Ihre Glaubenssätze schauen, dann finden Sie zuerst heraus, welche „Hindernisse" in Ihrem Kopf auftauchen und fragen Sie sich im Anschluss: Warum kann das oder jenes nicht sein, nichts werden? So findet sich in vielen Fällen der Schlüssel, mit dem man hinderliche Glaubenssätze entsperren, verändern, weiten oder gar wirklich loslassen kann. Häufig gehört das, was hinter den Glaubenssätzen steht, gar nicht uns oder wir finden heraus, dass es nur die halbe Wahrheit ist bzw. sogar gar nicht (mehr) stimmt.

Sich selbst antörnen

Immer wieder höre ich in der Praxis: Wie soll ich mich begehrenswert fühlen, wenn mich niemand begehrt? Wie soll ich Lust auf Sex bekommen, wenn niemand Lust auf mich hat? Hm, hier sind wir wieder bei der Henne-Ei-Frage bzw. an dem Punkt, an dem frau nicht selbst und bewusst (=selbstbewusst) gestaltet. Kommunikation passiert in weiten Teilen unbewusst – denken oder strahlen wir aus „mich will niemand, ich bin nicht begehrenswert", wie soll da jemand „echt scharf" auf uns sein? Je liebevoller ich mich um mich selbst kümmere und je bewusster ich mich wahrnehme, umso freier und sicherer fühle ich mich im Umgang mit anderen Menschen. Ich spüre mich besser, wenn ich auf mich achte – und das macht attraktiv.

Lassen Sie mich klare Worte finden: Wir brauchen niemanden da draußen, der uns die Erlaubnis gibt, uns selbst sinnlich, freudig und lustvoll zu entfalten, zu genießen und uns mit uns selbst wohlzufühlen. Nein, das heißt nicht zwingend, sich selbst zu befriedigen, aber es heißt, sich selbst als sinnliche Frau erleben und gestalten, entfalten und entdecken zu dürfen und zu wollen und diesen Teil zu forcieren.

Was Sex mit Essen zu tun hat

Gerne vergleiche ich Sex mit Essen. Beides sind sehr genussvolle Möglichkeiten, uns selbst und andere zu verwöhnen. Unsere Sinne werden angeregt und wir sind eingeladen, zu genießen. Als Frau nehmen wir beim Essen und beim Sex etwas in uns auf. Manchmal reicht ein schneller Snack, am besten im Stehen, vielleicht an der Imbissbude, „mit alles und scharf!" Manchmal genießen wir gerne ein abwechslungsreiches, mehrgängiges Menü und freuen uns über jeden „Gruß aus der Küche". Dazwischen liegen unendlich viele Variationen, die uns Freude machen. Beim Essen und beim Sex.

Im Laufe unseres Lebens haben wir einmal mehr, einmal weniger Hunger, hin und wieder einen speziellen Gusto, freuen uns manchmal, etwas Exotisches zu probieren, haben eindeutige Lieblingsspeisen und echte Abneigungen, empfinden manchmal vielleicht Ekel. Es gibt Menschen, die essen am liebsten immer dasselbe, und es gibt Menschen, die gerne auch neue Speisen kreieren und/oder kennen lernen – Kochen und Essen ist für sie eine kreative Betätigung, nur selten kommt Bekanntes auf den Tisch. Wie genießen Sie Ihr Essen? Und Ihren Sex?

Mit Neugierde auf sich selbst einlassen

Auf der einen Seite fühlen wir uns gerne sicher und wiederholen deshalb Bewährtes, vielleicht wollen wir uns mit dem, was wir so gut kennen und können, sogar in Richtung „Expertentum oder Meisterschaft" weiterentwickeln. Auf der anderen Seite sehnen wir uns gerade nach dem Unbekannten, Überraschenden, das uns so lebendig macht.

Was zu einem bestimmten Zeitpunkt passt und zutiefst befriedigt, kann ein anderes Mal nicht das Richtige sein. Spüren Sie in sich hinein und fühlen Sie, was genau Sie in dieser Situation möchten, kommen Sie mit Ihrem Körper in Einklang und lassen Sie sich von ihm führen. Und nein, es geht hier nicht darum, ein bestimmtes Ziel zu erreichen oder vor sich selbst zu „performen", um „perfekter" zu werden – ich möchte Sie ganz klar weg von Selbstoptimierungs- und Selbstabwertungsgewohnheiten bringen. Ich möchte genau das Gegenteil: Sie anregen, einen leichten, spielerischen Zugang zu sich selbst zu suchen, liebevoll zu forschen. Was alles ist Erregung, Intimität, Nähe, Genuss für mich? In welchen Situationen fühlt sich mein Körper besonders wohl und womit belohne ich ihn gerne?

Jede einzelne Frau ist eingeladen, ihre ureigene, für sie passende Form der Sexualität behutsam zu entdecken und mit wohltuenden Spielgefährten zu erleben bzw. zu feiern. Für eine stimmige Sexualität – mit anderen oder auch mit sich selbst – braucht es Neugierde und Mut, um zu spüren, zu erkennen, zu sein und sich so zu zeigen, mit Ehrlichkeit und viel Achtsamkeit.

Ja, ich bin sexy! In welchen Situationen sagen Sie das zu sich selbst?

Mögen Sie für sich selbst klären, was es eigentlich bedeutet, sinnlich, erotisch, sexy zu sein? Hat es etwas mit Ihrem Aussehen zu tun? Oder mehr mit dem Gefühl? Mit einer gewissen Stimmung oder mit Berührungen? Mit einem bestimmten Duft, einladendem Licht? Mit der Körperhaltung? Wann fühlen Sie sich selbst, ohne Feedback von anderen, besonders weiblich und wohl? Für manche verändert sich das Körpergefühl mit einer bestimmten Kleidung, mit Wäsche oder Schuhen. Hat Sinnlichkeit für Sie vor allem etwas mit rotem Lippenstift zu tun? Fühlen Sie sich dann erotisch und weiblich, wenn Sie lachen oder sich zur Musik bewegen, wenn Sie Sport machen?

Das Gefühl für das eigene Körperwohlbefinden hängt auch mit Körperhaltung oder Körperspannung zusammen.

» Selbstversuch 1: Lassen Sie die Schultern hängen und machen Sie sich krumm. Meist zeigen bei dieser Haltung automatisch auch die Mundwinkel nach unten. Fühlen Sie sich nun wohl? Nein, oder? Was verändert sich, wenn Sie die Schulterblätter hinten/unten ein wenig zusammenziehen und den Blick heben?

» Selbstversuch 2: Stellen Sie sich aufrecht hin, strecken Sie die Arme zur Decke, lassen Sie den Blick folgen, hüpfen Sie leicht und sagen Sie: Ich bin schlecht drauf! Das gelingt nicht wirklich, oder? Bisher hat noch jede meiner Klientinnen in dieser Situation sofort losgelacht!

Eine Frage der Haltung

Marion, 59, ist seit zehn Jahren ohne Partnersex und kommt mit vielen Fragen zu unserem ersten Treffen: Bin ich noch die, die ich zu sein glaube? Wie viel darf ich wieder lernen oder auch verlernen, um mich selbst sinnlich wahrzunehmen? Was braucht es heute, damit ich mich als lustvolles Wesen spüre? Ist das überhaupt noch möglich? Was brauche ich, was habe ich vergessen? Was ist guter Sex für mich eigentlich? Was geht noch – wie wird es sein, wenn ich wieder einmal Geschlechtsverkehr habe? Was brauche ich dann, um jemand anderen an mich heranlassen zu wollen und zu können? Von wem möchte ich als begehrenswerte Frau wahrgenommen werden, wer gefällt mir? Kenne ich jemanden? Was passiert, wenn ich meine „lustvolle Brille" wieder aufsetze? Was möchte ich leben? Wie stelle ich mir das vor?

Die für sie entwickelten praktischen Anregungen nimmt sie als Einladungen, sich mit einer Mischung aus Aufmerksamkeit, Lust, Neugierde, (Selbst-)Liebe und Sinnlichkeit auf eine Reise zur eigenen intensiveren Wahrnehmung lustvoller und sinnlicher Wohlfühlelemente zu begeben. Lust ist auch eine Frage der Haltung, der Übung, der Einstellung und der Auseinandersetzung mit sich selbst und mit einem potenziellen Partner.

Marion will sehr gerne wieder mit einem Partner leben – auch früher hat sie diese Phasen über weite Strecken genossen. Durch ihren Beruf hat sie oft und mit vielen Menschen Kontakt – als private, begehrenswerte Frau schon länger nicht mehr. Mutig beginnt sie, sich wieder mit Männern zu treffen – sie macht sich keinen Stress und genießt so manchen Flirt und Abend. Sie nimmt sich die Zeit, die sie braucht, um ihr Gegenüber wirklich kennen zu lernen, und erwartet sich keine „Liebe auf den ersten Blick". Natürlich gibt es Dates, bei denen sie sofort weiß: Nein, danke. Aber mit jeder Begegnung lernt und wächst sie.

Nach einigen Monaten, als sie schon fast glaubt, es wäre doch unmöglich, sich noch einmal wirklich nahe und intim auf jemanden einzulassen, trifft sie Peter. Er ist etwa in ihrem Alter, sie haben ähnliche Interessen, ihre Gespräche sind gut, in Sachen Genuss und Humor liegen sie auf einer Wellenlänge. Die beiden verbringen spontan ein Wochenende zusammen – und auf einmal ist alles ganz leicht.

ORGASMUS GESTALTEN UND GENIESSEN

Anregungen für einen erhebenden Höhepunkt

Jetzt geht es um Ihre Sexualorgane, Ihre Vulva, Ihre Klitoris, Ihre Vagina, Ihren Busen, Ihren Körper – und um Ihre Erregung, ja, auch Ihren Orgasmus. Ich will Sie nicht anleiten, sondern vielmehr eine Einladung aussprechen: Sensibilisieren Sie Ihren Körper und sorgen Sie zum Beispiel durch Berührungen für mehr Möglichkeiten des Lustgewinns.

Auch wenn Sie Ihren Körper gut kennen, „funktioniert" Ihre Lust auf Sex vermutlich nicht immer nach denselben Regeln, möglicherweise kommen Sie aber immer nach denselben Regeln zum Orgasmus: Manche Menschen können auf ganz unterschiedlichen Wegen zu einem Höhepunkt gelangen, andere forcieren zur Spitze der Erregungswelle hin ganz bestimmte Bewegungen und/oder Handlungen. All dies ist normal und darf so sein.

Wagen Sie den Versuch, Ihre aktuelle Sexualität ehrlich zu erforschen und zu erfassen? Im ersten Schritt machen Sie dies ausschließlich, um Ihre eigenen Gestaltungsspielräume zu finden, Ihre eigene sexuelle Kompetenz und Lustfähigkeit zu erforschen. Wenn Sie lieber mögen, können Sie das selbstverständlich auch mit jemand anderem tun, teilen und entwickeln (sich also aus Ver-Wicklungen lösen, um sich selbst und vielleicht auch Ihre Beziehung neu und bewusster zu genießen). Sollten Sie sich gemeinsam auf „Forschungsreise" begeben, ist es besonders wichtig, dass Sie beide mit der Aufmerksamkeit bei den Wahrnehmungen des eigenen Körpers, der eigenen Erregung bleiben – und Wege finden, den anderen an diesen Erfahrungen teilhaben zu lassen: Durch Worte, Bewegungen, indem Sie Hände führen etc., ganz wie es für Sie

passt. Sollte es im Augenblick der Erregung nicht gelingen, sich mitzuteilen, vielleicht passt es später bei einem entspannten Gespräch. Denn gerade auf unbekannten Wegen braucht man Feedback, um zu wissen, was sich gerade im Gegenüber regt oder eben nicht, ob man die „richtigen" Knöpfchen findet oder knapp daneben liegt. Niemand kann an der Stirn oder Nasenspitze ablesen, was wir gerade brauchen. Gönnen Sie es sich, miteinander zu kommunizieren, wie auch immer.

Der Orgasmus und sein Gap

Wussten Sie, dass ca. 95 Prozent aller Männer beim Sex mit einer Frau/einem Mann oder durch Selbstbefriedigung zum Orgasmus kommen? Wussten Sie, dass 91 Prozent aller Frauen auch zum Höhepunkt kommen – wenn sie sich selbst befriedigen, und rund 86 Prozent, wenn sie Sex mit einer Frau haben? Allerdings: Nur rund 65 Prozent der Frauen haben beim Sex mit einem Mann einen Höhepunkt.

Warum das so ist? Tja, da gibt es natürlich einige Faktoren, die mitspielen. Einerseits durften viele Frauen ihren eigenen Körper nicht lustvoll und unvoreingenommen erforschen und somit auch nicht selbst herausfinden, was genau ihnen Lust bereiten kann. Daher konnten sie auch nicht so selbstverständlich zeigen, was sie für prickelnde Erregung brauchen. Andererseits sehen und erleben wir nach wie vor viele prägende Bilder aus dem Blickwinkel des befriedigten Mannes. Oder kennen Sie Filme, in denen die Frau einen herrlichen Höhepunkt genießt, sich umdreht und einschläft, während der Mann mit seiner Erektion unbefriedigt daneben liegt? Eben. Noch immer wird uns ständig suggeriert: Guter Sex ist, wenn ER sichtbar gekommen ist.

Mein Sex, what else?

Weg mit dem Vorspiel!

Ein bisschen Vorspiel, vielleicht manchmal auch mehr, und dann endlich Sex. So oder ähnlich denken immer noch viele Menschen. In meiner Praxis höre ich auf die Frage, was Sex denn sei, häufig: Na, Geschlechtsverkehr. Ich möchte Sie aber anregen, neu zu denken, und sage: Weg mit dem Vorspiel! Was? Warum? Werden Sie sich jetzt vielleicht sagen – genau das liebe ich doch!

Nun, Sexualität ist eben nicht nur der Geschlechtsverkehr, der auf ein „zielorientiertes" Vorspiel folgt – das ist ein völlig überholtes Denken: Erst rubble ich ein bisschen an ihr herum, dann wird gebumst. Also, noch einmal: Weg mit dem Vorspiel (soll das ein „Aufwärmen" sein, bevor es um etwas „Echtes" geht?) Das Vorspiel gehört zum Sex, das Vorspiel ist Sex! Sexualität bedeutet ganz viel, ist sie doch auch das, was dem Körper Wohlfühlgänsehaut schenkt und zu einer erotischen oder sexuellen Erregung führen kann: Küssen, Zärtlichkeiten, ein Flirt mit eindeutigen Absichten auf beiden Seiten, die zarte Berührung der Zunge hinter dem Ohr, ein gekonntes Wortspiel – ob real oder via Chat, Verführung, innige Umarmungen, einander die Kleider vom Leibe „reißen", intime und eindeutige Berührungen, die dazu führen sollen, dass sich die Erregung steigert … Und ja, Sexualität ist, falls es für beide möglich ist und passt, auch Geschlechtsverkehr, Oralsex, Analsex oder genussvoller Fetisch … was immer den Menschen, die sich miteinander erotisch und sinnlich vergnügen, zu mehr Genuss und auch zu Höhepunkten verhelfen kann. Betrachten wir sie ganzheitlicher, sinnlicher, umfassender. Sicher, es kann manchmal auch sehr schön sein, wenn es schnell geht – wir wollen halt nicht immer dasselbe. Wir wollen im Augenblick Körpergenuss entstehen lassen, so, wie es gerade passt.

Ins sexuelle Spüren kommen

Die sexuelle Lust – mit ihren individuellen Ausprägungen – ist uns angeboren. Manchmal, etwa wenn wir bestimmte Erfahrungen machen, die irritieren, zieht sie sich allerdings zurück und schlummert dann gut versteckt in uns, sodass wir selbst womöglich gar nicht mehr spüren, sexuelle Wesen zu sein. Da sie – im Gegensatz zu Essen und Trinken – nicht überlebensnotwendig ist, passiert es immer wieder, dass Menschen sogar völlig darauf vergessen, wenn nichts und niemand sie daran erinnert. Sie erinnern sich? Lustbremsen kann frau lösen, wenn sie will!

Sexuelle Bedürfnisse können in Vergessenheit geraten, sie können aber auch wieder aktiviert werden. Selbst wenn es vielleicht eine willentliche Entscheidung, ein bisschen Ausdauer und Übung braucht – es ist möglich. Seien Sie auf Ihrem Weg am besten liebevoll, motivierend und geduldig mit sich selbst (lustvolle Genussmomente kann man natürlich auch in anderen Bereichen sammeln – und kommen Sie so wieder ins freudigere, intensivere Spüren).

Alles ganz normal: Unterschiedliche Wege zur Erregung

Jede von uns hat ihr ureigenes Körper-Empfindungs-Erregungs-Konzept, das sich durch kognitive und körperliche, emotionale Erfahrungen, Glaubenssätze, Körpererlebnisse, bisher gelegte Erregungsmuster speist. Sind Sie neugierig und wollen Sie – in Ihrem Tempo – liebevoll erforschen, welche Wege zur sexuellen Lust Sie derzeit und welche Sie in Zukunft genießen möchten? Was macht Ihnen Lust, was will probiert und entwickelt, was will gelebt werden, worauf sind Sie neugierig? Ich möchte hier nochmals betonen, dass ich Sie nicht „optimieren", in eine Norm pressen oder dazu animieren will, ein Selbstoptimierungsprogramm zu starten – ganz im Gegenteil. Lust, die uns Freude macht, kommt immer von innen und nicht, weil wir etwas „erfüllen sollen" oder „zu tun haben"!

Intime Momente

Männer greifen ihren Penis im Laufe des Tages ganz selbstverständlich immer wieder an, Frauen haben da keinen so selbstverständlichen Zugang, sie müssen sich nicht zwingend an der Klitoris, Vulva oder Vagina berühren. Nehmen Sie Ihre eigenen Geschlechtsorgane während des Alltags wahr? Wenn ja, wann?

Können Sie jetzt im Augenblick bewusst in Ihr Geschlechtsorgan hineinspüren? Lustwandeln Sie doch einmal in Gedanken – die Vulvalippen entlang, von außen nach innen oder oben nach unten, zur Klitorisperle und die Klitorisschenkel entlang in Ihre Vagina … Wie gelingt Ihnen das? Es geht jetzt nur um Ihre Gedanken und nicht um eine tatsächliche Berührung oder Erregung. Wie fühlen Sie sich, wenn es gelingt? Lassen Sie sich nicht entmutigen, lustwandeln Sie immer wieder bewusst in Ihren Genitalien, sie sind ein wichtiger, natürlicher und selbstverständlicher Teil Ihres Körpers.

Sind dies intime Momente, die Sie lieber mit sich allein genießen möchten, auch wenn es im Außen niemand wahrnimmt? Finden Sie es besonders spannend, tagsüber jederzeit daran denken zu können? Anregung: Finden Sie immer wieder Möglichkeiten, Ihren Fokus bewusst auf Ihre Geschlechtsorgane zu legen. Legen Sie beispielsweise nach dem Toilettengang für einen Augenblick eine Hand sanft und liebevoll auf Ihre Vulva – so integrieren Sie ganz selbstverständlich Ihre Geschlechtsteile und aktivieren die bewusstere Wahrnehmung Ihrer Lustzentren.

Ob mit oder ohne Auflegen der Hand – registrieren Sie, ob Sie vielleicht Wärme spüren möchten, ob Sie gedanklich mit der Durchblutung spielen, ob Sie zum Beispiel ein paarmal bewusst in Ihre Klitoris hineinatmen wollen. Ihrer Fantasie sind auch hier keine Grenzen gesetzt. Vielleicht können Sie diese kleine Verschiebung Ihrer gedanklichen Aufmerksamkeit mit einer Handlung verknüpfen (etwa dem morgendlichen Anziehen, der Prozedur des Händewaschens, dem abendlichen „Gemütlichmachen" auf dem Sofa etc.). Auf diese Art und Weise haben Sie gute Chancen, dass dies zum Ritual wird – und damit die sinnlichere, lustvollere Körperwahrnehmung ein ganz selbstverständlicher Bestandteil Ihres Alltags.

Absichtsloses Körperspielen mit sich selbst

Mithilfe der folgenden Fragen können Sie Ihre ganz persönliche körperliche Selbstwahrnehmung „untersuchen". Wie bewegen Sie sich gerne? Zum Beispiel, wenn Sie gerade aufwachen: Welchen Körperteil nehmen Sie zuerst wahr? Mit welchen Sinnen tun Sie das? Wie viel Zeit geben Sie sich beim Aufwachen für das Spüren des eigenen Körpers? Strecken Sie sich erst einmal ausgiebig, wohlig? Gähnen Sie dazu? Kugeln Sie sich ganz zusammen? Wann machen Sie sich ganz lang? Umarmen Sie sich manchmal selbst? Mögen Sie es, massiert zu werden? In warmes Wasser zu tauchen? Einen warmen, feuchten oder tropfend nassen Schwamm auf Ihre Vulva zu legen? Wie nehmen Sie Ihren Körper wahr, wenn Sie sich abends in Ihr Bett legen? Sind Sie nackt? Frisch geduscht? Was haben Sie an?

Beobachten Sie als Frau einmal kleine Mädchen: Wie unbefangen die Berührung des Körpers noch sein kann, wie lange, ja hingebungsvoll wird beispielsweise mit den Zehen gespielt, der eigene Nabel untersucht, der Körper bemalt, wie ausgiebig werden die Haare gebürstet, Strähnen zwischen den Fingern gedreht. Man verkleidet sich und probiert Rollen aus, kugelt beherzt herum, ganz egal, wie man dabei aussieht. Können Sie sich hier etwas „abschauen"?

Gehen Sie manchmal auf Zehenspitzen oder – im vertrauten Umfeld – rückwärts? Tanzen Sie zu Hause? Als erwachsene Frau, die sich selbst erotisieren möchte, können Sie Ihrem Körper bewusst neugierig begegnen, ihn beobachten, mit ihm spielen, ihn liebkosen, neu bewegen, herausfordern, ganz wie es Ihnen gefällt. Gönnen Sie sich sanftes Spielen mit Ihrem eigenen Körper – spüren Sie hinein, was tut Ihnen gut? Wie berühren Sie sich gerne? Mit den Fingerkuppen? Den Handflächen? Den Fingernägeln? Wie streicheln Sie? Mit welcher Geschwindigkeit? Mit welchem Druck? Zart oder kratzend und fest? Welche Materialien spüren Sie gerne auf Ihrer Haut? Worin sehen und spüren Sie Ihren Körper gerne? Wie sehen Sie ihn gerne nackt? Bei welchem Licht? Haben Sie ein Bild von sich selbst beim Liebesspiel, beim Orgasmus? Woran würde man von außen erkennen, dass Sie erregt sind? Lassen Sie Ihrer Freude an Ihrem Körper freien Lauf – er ist ganz wunderbar, völlig egal, welche Herausforderungen er manchmal oder generell für Sie bietet. Sie haben diesen einen, der Sie durch Ihr Leben begleitet. Seien Sie nett zu ihm, er wird es Ihnen danken! Selbstverständlich können Sie Spielvarianten mit Ihrem Partner probieren und genießen.

Körpererregung gestalten

Unser Körper ist das Instrument, auf dem wir „spielen" können, er wird erregt und schlussendlich sind es Körperreflexe, die einen Orgasmus ermöglichen. In der klinischen Sexologie, dem Konzept Sexocorporel (siehe Quellenverzeichnis Seite 205), werden unter dem Kürzel TRAB die vier „Grundzutaten" jeder Körperwahrnehmung zusammengefasst: Tonus, also die Körperspannung, Rhythmus, Atmung und Bewegung. Mithilfe dieser Faktoren und natürlich unserer Fantasie bzw. verschiedener Inszenierungen können wir unsere Erregungsmöglichkeiten gestalten und erweitern. Eines gleich vorneweg: Nein, Sie finden hier kein „Patentrezept", das Sie bei guter Übung zu sicheren Höhenflügen bringt. Wenn Sie allerdings beschließen,

Ihre erotischen und sexuellen Möglichkeiten und Kompetenzen erweitern zu wollen, damit Sie sich selbst und anderen näherkommen oder gemeinsam intensiver erleben, finden Sie hier Anregungen.

Das Becken möchte bewegt werden – die Beckenschaukel

Wir alle können unsere Erregung deutlich beeinflussen. Das klingt jetzt vielleicht sehr technisch, aber versuchen Sie einfach, sich der Thematik Stück für Stück und lustvoll zu nähern.

» Die einfache Beckenschaukel im Liegen

Legen Sie sich auf den Rücken, auf eine feste Unterlage, winkeln Sie die Beine an, sodass die Knie zur Decke zeigen, die Füße stehen hüftbreit am Boden. Um die Übung besser zu spüren, können Sie zu Beginn gerne Ihre flache Hand in jenen kleinen Hohlraum am unteren Rücken schieben, der sich bei vielen ergibt. Drücken Sie beim Ausatmen den Rücken – und mit ihm Ihre Hand – zu Boden. Beim Einatmen wölben Sie Ihren Bauch Richtung Decke, sodass sich das Hohlkreuz wieder öffnet. Dadurch ergibt sich eine kleine Kippbewegung im Becken – die sogenannte Beckenschaukel.

Optimal wäre es, wenn Ihre Muskeln an Beinen, Bauch und Po entspannt blieben. Sie können das gut durch das Auflegen einer Hand überprüfen. Die Muskelbewegung sollte aus dem Becken kommen, die Schultern bleiben entspannt auf der Unterlage liegen. Wenn Sie mögen, können Sie Ihre Hände auch auf die Beckenknochen legen und spüren, wie Ihr Becken ganz fein, vielleicht zu Beginn kaum merklich, einmal in Richtung Nabel und einmal in Richtung Anus kippt. Können Sie das zu Beginn nicht spüren, vertrauen Sie auf die gedankliche Vorstellung: Führen Sie die Bewegung im Geiste aus – der Körper wird folgen.

Nehmen Sie sich Zeit, üben Sie täglich ein paar Minuten in Ruhe, vielleicht gleich morgens im Bett. Die Atmung bewegt das Becken –

das Becken bewegt die Atmung. Es geht nicht um große, sportliche Bewegungen, sondern um ein kleines, bewusstes Kippen.

Variante 1:

Die Übung kann auch im Sitzen – beinahe jederzeit – durchgeführt werden. Am besten spüren Sie erst einmal bewusst Ihre Sitzhöcker und schieben Ihre Hände unter die Pobacken, da gibt es jeweils einen festen Knochen zu spüren. Ok? Nehmen Sie die Hände wieder weg, weil es sonst schmerzhaft werden kann, und rollen Sie auf Ihren Sitzhöckern beim Einatmen nach vorne (Sie sitzen dann aufrechter) und mit der Ausatmung in einen runden Rücken nach hinten. Auch hier achten Sie bitte darauf, dass die Muskulatur an Bauch, Oberschenkel und Po möglichst entspannt bleibt.

Variante 2:

Üben Sie im Vierfüßlerstand – die Hände stützen Sie unter Ihren Schultergelenken ab, die Knie sind hüftbreit am Boden, unter Ihren Hüftknochen. Mit dem Ausatmen gehen Sie in einen Katzenbuckel, ziehen den Nabel zur Wirbelsäule und das Kinn zur Brust, mit dem Einatmen machen Sie die Gegenbewegung, gehen in Richtung Hohlkreuz und heben den Kopf. Versuchen Sie auch hier ganz langsam, immer mehr aus dem Becken heraus zu trainieren, mit der Atmung zu gehen, sodass alle anderen Muskelgruppen möglichst entspannt sind.

» Die doppelte Schaukel

Bei dieser Übung ergänzen wir die Beckenschaukel. Nehmen Sie die Erweiterung gerne Stück für Stück und dann dazu, wenn es für Sie passt, lassen Sie sich von Ihrem Körper führen. Sollten Sie beispielsweise lieber sitzen als liegen: Das Training kann in jeder Variante durchgeführt werden, auch im Stehen.

Sie liegen auf dem Rücken und machen die Beckenschaukel. Versuchen Sie nun, in Ihre Wirbelsäule hineinzuspüren – vom unteren Ende bis hinauf zum Kopf. Atmen Sie, kippen Sie das Becken.

Beobachten Sie, wie sich die Bewegung entlang der Wirbelsäule bis nach oben fortsetzt. Bemerken Sie, dass sich Ihr Kopf automatisch mitbewegen möchte? Falls nicht, lassen Sie möglichst alle Anspannungen los. Zur Unterstützung können Sie ein paarmal mit dem Einatmen die Schultern bewusst ganz weit zu den Ohren hinaufziehen, also die Anspannung intensivieren, und beim Ausatmen wieder fallen lassen. Bewegen Sie, wenn Sie einatmen, Ihr Kinn ein wenig in Richtung Decke, und wenn Sie ausatmen, näher zum Brustbein. Wenn Ihr Kopf ganz locker die kleine Bewegung mitmacht, legen Sie Ihre Aufmerksamkeit auf Ihre Schultern, die nun wieder ganz entspannt sind.

Zu Beginn können Sie gerne „überzeichnen", um später in einer fließenden, entspannten Bewegung die doppelte Schaukel zu entwickeln. Heben Sie beim Einatmen nicht nur Ihre Bauchdecke, sondern auch Ihren Brustkorb in Richtung Decke und lassen Sie die Schultern weiter in Richtung Unterlage fallen. Wölben Sie beim Ausatmen Ihre Schultern nach vorne, sodass Ihr Rücken runder wird und Ihr Kinn in Richtung Brustbein sinkt.

Durch kleine geführte Bewegungen des Beckens und des Oberkörpers sowie mithilfe der Atmung bringen Sie sich in eine genussvolle und ganzheitliche Wahrnehmung. Dieses natürliche, fließende „Bewegt-Sein" wird beim Sex oft ganz „von selbst" eingesetzt, Sie können es aber auch bewusst und spielerisch einsetzen und dadurch Ihr Empfinden intensivieren.

Üben Sie bitte nur im „Trockentraining", also nicht beim Sex. Ihr Körper bekommt neue Anregungen, die er ganz leicht dann nützen kann, wenn es ihm guttut. Diese Bewegungen werden übrigens beim Niesen oder Husten oder auch beim Lachen reflektorisch vom Körper eingesetzt. Achten Sie bewusst darauf.

Mit Tönen Vibrationen erzeugen

Die Körperbewegungen der doppelten Beckenschaukel können Sie durch ein hörbares Ausatmen weiter intensivieren. Töne bringen Vibrationen in den Körper und das verstärkt die sinnliche

Wahrnehmung. Kein Wunder, dass manche Menschen beim Sex stöhnen (wobei hier selten bewusst gesteuert wird). Üben Sie einmal sozusagen im „Trockentraining" – probieren Sie aus, was es mit Ihrem Körper macht, wenn Sie Ihre Stimme „dazunehmen".

Vier Haupt-Erregungsmodi

Durch die regelmäßige Übung der Beckenschaukel oder der doppelten Schaukel kann Ihr Körper seine Möglichkeiten auf spielerische Art und Weise erweitern. Gerade auch bei der Erregung, die zum Orgasmus führt, tickt jede Frau, jeder Mensch, wie wir wissen, anders. Das Konzept von Sexocorporel unterscheidet vier Haupt-Erregungsmodi, die ich hier kurz vorstellen möchte (es gibt immer auch individuelle Mischformen). Wir können diese ausprobieren und erforschen, wir können mit ihnen spielen und so auch unsere eigenen Möglichkeiten wahrnehmen, ausdehnen, verändern und entwickeln.

» **Archaischer Modus:** Hier entsteht Erregung durch Druck und muskuläre Anspannung. Je höher der Druck (manchmal kann es ein Polster zwischen den Schenkeln oder das feste Zusammenpressen der Oberschenkel sein) bzw. je intensiver der Druck des Pressens, umso rascher kommt es zur orgastischen Entladung. Fantasien und Vorstellungen sind hier nicht wichtig.

» **Mechanischer Modus:** Hier entsteht Erregung durch Rhythmus, also eher mechanisch. Die sexuelle Erregung kann dabei gestaltet und gesteigert werden, um so den „Point of no Return" zu erreichen, also jenen Punkt, an dem man klar auf eine orgastische Entladung zusteuert. Durch die muskuläre Anspannung kann der vaginale Innenraum schwerer wahrgenommen werden.

» **Ondulierender Modus:** Hier findet Erregung im ganzen Körper statt – es gibt einen stark ausgeprägten Zugang zur sexuellen Lust, der ganze Körper ist erregt und bewegt sich fließend, es kommt zu einem intensiven erotischen Genuss und emotionaler Intensität. Zudem gibt es in diesem Modus einen guten Zugang zu erotischen Imaginationen, Bildern, Fantasien.

Oft bündelt sich die Erregung nicht in den Geschlechtsorganen, sodass Geschlechtsverkehr zwar lustvoll erlebt wird, es aber nicht einfach bzw. selbstverständlich zu einem Orgasmus kommt.

» **Wellenförmiger Modus:** Hier haben wir einen guten Zugang zur sexuellen Erregung und sexuellen Lust bzw. ihren Gestaltungsmöglichkeiten über die körperliche Gestaltung mit der Beckenschaukel oder der doppelten Schaukel. Die intensive Wahrnehmung der Sinnlichkeit, der vaginalen Erregung und die Erotisierung der inneren Genitalität sowie eine Vielfalt erotischer Fantasien sind möglich. Sexuelle Erregung kann gut in einem Orgasmus kanalisiert werden, lustvolles Erleben und Gestalten von vaginalem Geschlechtsverkehr ist möglich. Eine vertiefte Wahrnehmung der sexuellen Erregung und die begleitenden emotionalen Empfindungen eröffnen ein weites Spektrum räumlicher Bewegungsgestaltung.

Bewusste Intimpflege

Zum Abschluss dieser Thematik möchte ich Ihnen drei kleine persönliche Anregungen mit auf den Weg geben:

1. Spüren Sie immer wieder in Ihre Geschlechtsorgane hinein und integrieren Sie dieses Empfinden bewusst in Ihr tägliches Körperbewusstsein.

2. Spannen Sie Ihren Beckenboden immer wieder einmal an und üben Sie die Beckenschaukel: Durch diese Aktivierung erhöhen Sie Ihre Körperspannung, Ihr Gang wird geschmeidiger und sinnlicher, die Körpermitte festigt sich.

3. Gönnen Sie sich regelmäßig kleine intime Ölmassagen im Bereich der Vulva, also aller Geschlechtsteile, die außen liegen. Führen Sie bitte kein Öl bewusst in die Vagina ein. Dafür eignen sich die unterschiedlichsten Öle, zum Beispiel ein Mandel- oder Lavendelöl. Im Fachhandel finden Sie eine breite Auswahl in guter Qualität – oft auch fertige Ölmischungen, etwa für Schwangere. Durch Ölungen schenken Sie einerseits Ihren Geschlechtsorganen liebevolle Aufmerksamkeit – je größer Ihr Wohlgefühl ist, umso selbstverständlicher kann Ihr Zugang zu Empfindungen und Berührungen werden. Andererseits unterstützen Sie Ihre Schleimhäute dabei, elastisch und geschmeidig zu bleiben. Durch verschiedene Auslöser, wie etwa Hormonschwankungen, zum Beispiel in den Wechseljahren, das Alter und andere Faktoren, kann es immer wieder zu Trockenheit kommen. Bitte lassen Sie sich von Ihrer Gynäkologin, Dermatologin oder Apothekerin beraten – es gibt mittlerweile eine Fülle von natürlichen Cremes, Zäpfchen etc., auch mit bioidenten Hormonen. Auch durch regelmäßige Massagen mit sanftem Öl im äußeren Bereich der Vulva können Sie Trockenheit oft mildern oder sogar verhindern. Erwärmtes Öl kann das Wohlgefühl noch steigern. Achten Sie auf saubere Hände (die Berührung mit scharfen Gewürzen davor kann ungewollte Reaktionen hervorrufen). Wenn Sie mehr Öl nehmen möchten, legen Sie ein Handtuch unter, wenn Sie diese Anregung mit Masturbation oder einem Liebesspiel verbinden möchten, können Sie zusätzlich für anregende Stimmung, Licht, Musik etc. sorgen.

Anmerkung: Ich lade Sie ein, Ihre eigene Sexualität
zu erforschen

All diese Anregungen bilden, und es ist mir sehr wichtig, das
zu betonen, keinen Katalog, den Sie abarbeiten sollen, da gibt
es nichts, was Sie tun „müssen". Aber vielleicht mögen Sie sich
immer wieder einmal ein paar Dinge herauspicken, die gerade
wichtig für Sie sind.

Gönnen Sie sich die richtige Atmosphäre für Sinnlichkeit

Es gibt Stimmungen, die wir besonders lieben. Kennen Sie Ihre
„Lieblingstools", Ihre erotische „Homebase"? Wollen Sie herausfinden, welche Atmosphäre angenehm für Sie ist? Sie werden sehen, es macht immer wieder Freude, diese Erkenntnisse zu nützen
und auch zu adaptieren.

Hilfreiche Fragen: In welchem Licht fühlen Sie sich selbst erotisch besonders wohl? Welche Musik mögen Sie, zu welcher
möchten Sie sich gerne bewegen? Oder bevorzugen Sie Stille?
Bei welcher Temperatur fühlen Sie sich wohl? Was gehört noch
dazu, damit alles stimmig ist? Ein bestimmter Platz? Welche Düfte
erotisieren Sie? Wie gelingt es Ihnen leichter, sich zu entspannen?
Gibt es Gespräche, Fantasien, Bücher, Filme, Worte, die Ihnen einheizen? Was können Sie sonst zur richtigen Stimmung beitragen?

Erkennen Sie Ihre besonderen Lustkomponenten im Spiel mit sich selbst?

Haben Sie Sexualität mit sich selbst? Masturbieren Sie? Wenn nicht, auch gut, Sie müssen ja nicht. Wenn doch, welche Stimmung schaffen Sie sich dabei? Was tun Sie? Liegen, stehen oder sitzen Sie? Wie beginnen Sie? Wie variieren Sie? Welche Körperteile beziehen Sie mit ein? Treten Sie mit einem bestimmten Körperteil bewusst im Kontakt? Welche Bewegungen machen Sie? Wie stimulieren Sie Ihre Klitoris? Mit einigen Fingern? Mit der ganzen Hand? Mit welcher? In welchem Rhythmus und mit welchem Druck berühren Sie sich? Wo genau? Verwenden Sie Hilfsmittel wie beispielsweise einen Vibrator, einen Wasserstrahl? Welche Empfindungen haben Sie an Ihrer Vulva oder am Eingang in die Vagina? Verändern sich Ihre Bewegungen mit steigernder Erregung? Erhöht sich die Körperspannung? Wenn ja, generell oder in manchen Bereichen? Welche Muskeln oder Muskelgruppen spannen Sie an? Den Bauch? Die Oberschenkel? Den Po? Den Beckenboden, den Anus? Haben Sie bestimmte Gewohnheiten, um Ihren Körper zum Höhepunkt zu bringen? Was haben Sie schon alles probiert? Haben Sie Ihre Vagina, mit oder ohne Spiegel, schon einmal selbst erforscht? Was spüren Sie in Ihrer Vagina, wo genau tun Sie dies? Haben Sie Ihre G-Zone entdeckt? Stimulieren Sie Ihre Vagina? Wie? Wie verändert sich Ihre Atmung bei der Erregung? Halten Sie die Luft eher an oder atmen Sie besonders tief? Tönen Sie? Haben Sie Fantasien dazu? Welche? Würden Sie diese auch aussprechen? Auf welche Hilfsmittel möchten Sie nicht verzichten, es gibt bestimmt einiges, das hier noch nicht genannt wurde. Was ist sonst noch wichtig für Sie?

Wie spielt sich Sexualität mit Ihrem Partner aktuell ab?

Haben Sie gerade einen – oder auch mehrere – Partner, mit denen Sie Sexualität genießen? Wenn nicht, können Sie, wenn Sie mögen, mithilfe dieser Fragen Ihre bisherigen Interaktionen in der Sexualität erforschen.

Welche Berührungen und Spiele mag ich besonders, was alles bringt mich in Erregung?

Wie beginnt die Sexualität zwischen Ihnen beiden, wie steigen Sie ein? Stets auf vorhersehbare Weise oder immer wieder anders? Gibt es Situationen, in denen Sie mit höherer Wahrscheinlichkeit Sexualität miteinander genießen? Gibt es Rituale? Sind es die ersten Berührungen oder ist es etwas, das schon längere Zeit davor beginnt? Durch Worte, gemeinsame Unternehmungen, einen morgendlichen tiefen Blick in die Augen – voller Vorfreude? Wer verführt wen? Gibt es überhaupt Verführung? Wie baut sich eine erotische Stimmung zwischen Ihnen auf? Was alles fördert die Freude auf den Geschlechtsverkehr, auf einen Orgasmus? Was forciert Ihre erotische Begegnung? Schaffen Sie mit Licht und Musik gerne bestimmte Stimmungen? Welche Sinne werden angesprochen? Wie lange dauert es? Wie sieht ein eventuelles Ziel aus? Wo und wie berührt Sie Ihr Partner? Wie berühren und verwöhnen Sie Ihren Partner? Wie und wo mögen Sie diese Berührungen am liebsten? Was erregt Sie dabei besonders? Wissen Sie beide, was der andere besonders genießt? Haben Sie Oralverkehr?

Wo sind Sie mit Ihrer Aufmerksamkeit, bei sich selbst oder bei Ihrem Partner? Was passiert beim Koitus? Haben Sie Lust, seinen Penis zu empfangen? Wie spüren Sie ihn in Ihrer Vagina? Wo? Welche Stellungen mögen Sie lieber als andere? Was bereitet Ihnen besonderes Vergnügen? Wo ist Ihre Wahrnehmung beim Geschlechtsverkehr, sind Sie ganz in Ihrem Körper und auf Ihre eigene Erregung konzentriert? Oder auf die Ihres Liebespartners?

Genießen Sie Analverkehr oder lieber nicht? Wie wachen Sie miteinander auf? Gibt es morgens, abends, zu jeder Tageszeit sexuelle Annäherung? Durch eine Umarmung, Küsse, Blicke, durch Streicheln, Liebkosen, vielleicht Lecken oder Blasen?

Bei welchem „Teil" des Liebesspiels und wie spüren Sie, dass sich Ihre Erregung steigert? Wie verändert sich Ihre Muskelspannung kurz vor einem Orgasmus? Sprechen Sie miteinander? Oder merken Sie die Erregung des anderen durch Atmung und Töne? Haben Sie Fantasien, die Sie einsetzen? Teilen Sie diese? Haben Sie Hilfsmittel, die Sie beide gerne verwenden? Was ist sonst noch wichtig für Sie?

Ja, ich überschütte Sie geradezu mit Fragen. Aber, wie erwähnt, dies sind keine Fragen, die Sie abarbeiten müssen, lediglich Anregungen. Vielleicht gibt es eine Frage, mit der Sie sich intensiv befassen möchten? Vielleicht sind es drei? Welche berührt Sie?

WENN DIE LUST GEHT
und Sie sie gerne wieder spüren möchten

Was, wenn die Lust am Leben groß und das Leben schön ist, Sie aber keine Lust auf Sex haben? Oder wenn die Lust gerade dazu reicht, sich selbst einmal rasch zu verwöhnen, während ein eventueller Partner auf sexuelle Nähe wartet?

Möglicherweise ist Ihnen Ihr Partner auch schon sehr vertraut und Ihre gemeinsame Sexualität hat sich unbewusst auf den kleinsten gemeinsamen Nenner reduziert. Sie beide wissen, was der andere mag oder braucht, und gehen recht zielorientiert vor: Sie machen nur das und sonst nichts. Auch in diesem Fall sind wohl die Lebendigkeit und Freude vergessen worden, daher kann es am besten sein, Sie hören ganz einfach mit vielem, das Sie „schon immer" machen, auf: So können Sie sehr wohl einen anderen Blickwinkel einnehmen und für neue Wahrnehmungen und Erlebnisse sorgen.

Vergessen Sie alles, was Sie bisher über Sex wussten

Schön wäre es, Sie könnten für sich oder Sie beide eine Phase des Neuentdeckens vereinbaren, ganz ohne Druck. Gelingt es, sich selbst und einander mit dem Geist des „ersten Mals" wieder in der Körperlichkeit zu begegnen? Wie spüren Sie besser? Mit geschlossenen Augen? Wann haben Sie zuletzt aneinander geschnuppert, ganz zart oder auch bestimmt, den Körper bewusst ertastet, erküsst, erstreichelt? Nehmen Sie den Forschungsauftrag an. Wenn dabei Lust auf mehr entsteht, also durchaus auch gezielt Lust auf Erregung und/oder Geschlechtsverkehr, darf das sein. Muss es aber nicht.

„Mitzumachen", „über sich ergehen lassen", „vorspielen" kann zu einem Teufelskreis werden, der uns immer weiter von uns selbst wegbringt. Denn es ist, als ob wir, statt wirklich zu genießen und uns aufeinander einzulassen, eine Rolle spielen, die dem anderen suggeriert, so sei es gut für uns. Wie kann der Mensch, mit dem wir Sexualität gemeinsam gestalten, je aus diesem „Nebel der Unklarheiten" herausfinden? Das ist, um es ganz deutlich zu sagen, ein ganz sicherer Weg zu nachhaltiger Unlust. Oft liegen dann Vorwürfe, Beziehungen ohne gelingende Sexualität und leider auch immer wieder andere amouröse Abenteuer nicht fern.

Falls Sie schon in diese Richtung unterwegs waren und nicht wissen, wie Sie sich jetzt verhalten sollen: Es wäre schade, den Fokus auf die trügerische Vergangenheit zu legen. Wie wäre es, wenn Sie sagen bzw. zeigen, dass Sie etwas Neues probieren möchten? Zu dem anregen, was Ihnen guttut? Manchmal helfen auch klare Worte, die neue Wege aufzeigen, wie „mich macht zur Zeit nicht richtig glücklich, was wir da tun, ich möchte gerne einmal X oder Y ausprobieren". Vergessen Sie nicht: Änderungen brauchen ein bisschen Dranbleiben und Üben. Auch Geduld darf geübt werden.

Wie Lust neu werden kann

Wenn wir uns frei entfalten könnten, wäre auch unsere Sexualität, unser Liebesleben völlig anders. Denn sexuelle Erregung oder sexuelle Höhen entstehen nicht nur durch mechanisches Reiben oder Bespielen bestimmter Körperstellen. Sie sind das Ergebnis von erlaubter Hingabe, möglichst frei gelebter Lust und einer selbstverständlichen Vertrautheit mit dem eigenen Körper und den eigenen Gestaltungsmöglichkeiten im Miteinander.

Die besten Voraussetzungen für gelungene Sexualität sind ein gewisses Maß an Nähe und (Ent-)Spannung, Zärtlichkeit, Zeit und Möglichkeiten. Erotik kann auf völlig unterschiedlichen Ebenen entstehen, ob durch gute Gespräche, Inspiration,

Wortwitz oder einen tiefen Blick in die Augen, durch eine Berührung, durch Ihre bewusste Aufmerksamkeit, durch die Lust am Spiel und die Neugierde auf den anderen, durch Austausch, Komplimente, miteinander Lachen, einander Necken und vieles mehr. Wenn alles bekannt ist, vielleicht sogar vorhersehbar, dann schläft auch die Erotik, die Lust am Lebendigsein ein.

Hier rege ich in der Beratung gerne an, die bisherige Sexualität auch einmal grundlegend zu „verlernen". Wenn zu viele Gewohnheiten oder mechanische Abläufe bestimmen, kann es sehr erfrischend sein, alles wegzulassen, was bisher „zum Sex" gehört hat und herauszufinden, welche Körperstellen, welche Worte, Berührungen, Fantasien, Orte, welche Gestaltungsmöglichkeiten die Lust neu entfachen können.

Wieder da: die sexuelle Frau

Barbara war 55 und sehr frustriert, als sie das erste Mal zu mir kam. Sex sei nichts für sie und ihr Mann mache ständig Druck. Sie war seit gut 30 Jahren verheiratet und mit ihrem Mann, ihrem ersten Sexualpartner, seit ihrem 19. Lebensjahr zusammen.

Unsere erste Beratungsphase dauerte ein paar Wochen. Während dieser Zeit vereinbarte Barbara mit ihrem Mann auch eine zeitlich klar definierte Sexpause und bekam Anregungen, um sich selbst neu kennen zu lernen. Eines Tages kam sie völlig aufgelöst und strahlend zu mir: Erstmals in ihrem Leben habe sie (mithilfe eines Vibrators) einen Orgasmus erlebt – und wisse nun: Ja, Sex ist doch etwas für mich – aber nicht mit meinem Mann. Das Paar trennte sich in aller Klarheit und Freundschaft.

Heute erzählt Barbara, dass sie nach der Scheidung mutig vieles nachgeholt habe. Sie „datete" und sammelte dabei (sehr) schöne und weniger tolle Erfahrungen mit unterschiedlichen Partnern. Sie erlebte sich und ihre Sexualität völlig neu und erstmals erfüllend und war ganz verwundert über die Resonanz und das Begehren, das sie bei Männern auslöste. Es sei toll, endlich zu erleben, dass es Männer gäbe, die ihr mit großem Interesse und Freude Lust bereiten wollten. Gleich der zweite Mann, mit dem sie Sex hatte, hatte gemeint, sie sei wohl sehr erfahren und wisse genau, was sie tun müsse, um ihn zu erregen. Barbara fand das amüsant, holte sie doch jetzt erst ihre „Entdeckerinnen-Phase" nach!

Nun ist Barbara 63 und seit drei Jahren wieder in einer fixen Beziehung. Sie genießt eine Sexualität, die sinnlich und lustvoll, neugierig und in einem schönen Miteinander stattfindet: „Unglaublich! Früher dachte ich, die paar Minuten Sex überstehe ich. Jetzt genieße ich oft auch eine Stunde lang Zärtlichkeit und Erregung, das Spiel mit meinem Partner, wir genießen und verwöhnen unsere Körper. Es geht um viel mehr als nur um seinen raschen Orgasmus. Wie schön, dass ich den Mut hatte, die sexuelle Frau in mir zum Leben zu erwecken!"

Sexualität immer wieder verlernen, um sie neu und authentisch wiederzuentdecken

Ich erlebe viel zu oft Menschen, die tatsächlich nach recht engen, angelernten Mustern beim Sex agieren, oft auch in aneinandergereihten Beziehungen immer nach demselben Rezept, und gar nicht auf die Idee kommen, dass gute Sexualität – ebenso wie eine gute Beziehung – immer etwas Einzigartiges ist. Nicht nur die Chemie, die uns anzieht und wohl mit jedem Menschen einen Hauch anders erlebt wird, sondern auch die Körper re-agieren in ganz besonderer Resonanz miteinander.

Gerade wir Frauen hängen oft in hinderlichen Glaubenssätzen oder unterdrückenden Selbstverständlichkeiten fest, die uns in unseren sexuellen Handlungen und Genüssen ganz schön einschränken können. Wie wäre es, wenn Sie tatsächlich vergessen und einfach nicht mehr tun, was Sie bisher getan haben? Ja, okay, wenn die Körper schon sehr an eine ganz bestimmte Methode der Erregung gewöhnt sind, braucht es ein bisschen Zeit und Geduld, das kann zwischendurch auch frustrierend sein.

Klientinnen und Klienten berichten nach einer Zeit der „Abstinenz von Gewohnheiten" immer wieder, wie wunderbar es sei, den Körper mit allen Sinnen neugierig und „wie absichtslos" zu erforschen, ob allein oder miteinander. Erogene Zonen, die „brachgelegen waren" (schade!), wurden wieder völlig neu erlebt. Also, nur Mut, entdecken Sie Ihre Körper abseits von Brustwarzen, Klitorisköpfchen, Penis und Hoden, also den primären erogenen Zonen. Schlussendlich sind unsere Körper ein Leben lang sehr lern- und lustfähig und freuen sich, entfalten sich, wenn sie immer wieder ein neues Prickeln erleben und spüren können. Da sind wir wohl alle gleich.

Die Lust „aufwecken"

Bernd und Marie sind seit langem und gerne ein Paar. Erotik und die Lust auf Sex sind über die Jahre allerdings eingeschlafen. Nun suchen sie neue Wege, denn eigentlich haben sie „Lust auf Lust". Bevor sie sich dafür entscheiden, rosa und blaue „Lustpillen" einzuwerfen, probieren sie alles Mögliche aus, bleiben aber ohnmächtig in der Problemstellung stecken. Schließlich „landen" sie in der Sexualberatung.

Dort finden Marie und Bernd die Möglichkeit, über die Entwicklung ihrer Sexualität nachzudenken und darüber zu sprechen: Damals war es ja wirklich der Himmel auf Erden, Sex hat einfach funktioniert und meist großen Spaß gemacht – er hat ganz einfach gutgetan! Vorerst wissen sie nicht, wo und wann die Lust verloren ging. Was sie aber wissen: Sie möchten gerne wieder miteinander. Ja, natürlich sind sie ein paar Jahre älter, aber sie finden einander nach wie vor anziehend.

Stück für Stück rollen sie ihre gemeinsame sexuelle Entwicklung auf und merken dabei, dass es prägnante Erlebnisse gab, die darauf entscheidend eingewirkt haben: Schwangerschaften, Krankheiten,

Jobwechsel, Todesfälle nahestehender Menschen, Geldsorgen und letztendlich auch die Pandemie. Sie alle haben sich „auf die Lust geschlagen". Marie und Bernd erkennen, dass keinen von ihnen „die Schuld trifft", sondern dass das Leben manchmal ganz einfach zu fordernd ist. Diese Erkenntnis tut beiden gut.

Plötzlich ist die Schwere weg - sie können einander wieder sehen und spüren, sie können ganz ehrlich über ihre Sehnsüchte und Bedürfnisse, Fantasien und Grenzen, ja auch über ihre Ängste sprechen. Im Laufe der Zeit erkennen Bernd und Marie zudem, dass es Situationen gegeben hat, in denen sie einander verletzt und sich zurückgezogen haben, auch wenn keine böse Absicht dahinter lag. So blieb irgendwann nur wenig vom Sex übrig - und auch das schlief ein, denn befriedigt hat der sexuelle Automatismus bzw. der kleinste gemeinsame Nenner beide nicht. Jetzt können sie wieder nach vorne schauen - voller Vorfreude. Bernd und Marie finden Inspirationen und lernen einander neu kennen, sie haben hinderliche Entfremdungen, Missverständnisse, „Schuldzuweisungen" etc. aus dem Weg geräumt.

Das Vertrauen in den Wunsch, miteinander bereichernde Sexualität leben zu wollen, gibt Mut, sich wieder aufeinander einzulassen, hinzuschauen, was jetzt da ist und möglich ist. Sie haben nichts zu verlieren, sie können nur gewinnen. Ganz bewusst nehmen sie sich Zeit und Raum für ihre Sexualität. Stück für Stück „üben" sie Verführung und Hingabe, einander zu überraschen, spielerisch heranzugehen, auszuprobieren. Mit der (Selbst-)Sicherheit kommt auch die Leichtigkeit wieder. Nach einiger Zeit ergibt sich ganz einfach befriedigender Sex, sogar ganz spontan: Die Sexualität hat sich wieder einen fixen Platz im Leben von Marie und Bernd erobert.

Wie diese Geschichte zeigt, gibt es viele Dinge, die sich unter Umständen wie eine Bremse auf die Lust legen. Oft ist uns das gar nicht bewusst, vor allem dann nicht, wenn wir in anderen

Bereichen wirklich gefordert sind. Können wir besondere Ereignisse als Auslöser der Lustlosigkeit festmachen, fällt es uns leichter, diese zu begreifen und zu akzeptieren, bei latenten Belastungen, ganz egal welcher Art, tun wir uns hingegen schwer.

Mein Sex, what else?

Lustkiller Nummer eins: Stress

Lustvolle Sexualität ist sicher eine der intensivsten Kräfte, die wir in uns freisetzen können. Sie kann uns neue Energie geben, ja, Räume erschließen und für puren Genuss, sinnliches Sich-selbst-Erfahren und -Erleben, ekstatische Fülle oder „grenzenlose" Erfahrungen sorgen. Die weit verbreitete Bewertung oder auch die Unterdrückung von gesunder Sexualität hingegen kann für Stress, Unsicherheiten, Perfektionsansprüche oder die Ablehnung von Nähe verantwortlich sein: Wer nicht genießt, wird ungenießbar. Aber natürlich entsteht auch Stress, wenn Sie das Gefühl haben, Sex liefern, leisten oder geben zu „müssen".

Die Kunst des Genießens zu beherrschen, ist ein wesentlicher Bestandteil echter Lebensqualität. Einem gestressten Menschen fällt es oft schwer, sich darauf einzulassen – ein gewisses Maß an Wollen oder Bewusstsein ist sicherlich notwendig, um sich für den Genuss Zeit zu nehmen.

Beinahe jeder Mensch, mit dem ich arbeite, wünscht sich weniger Stress, mehr Gestaltungsspielraum, mehr vom guten Sich-selbst-Spüren – generell oder zumindest in einem Bereich seines Lebens. Zu viel Stress, zu viele To-Dos tun uns nicht gut und deshalb ist die Dauerbelastung ein weit verbreitetes Thema mit sehr individuellen Ausprägungen und Wirkungen. Das war schon vor der Pandemie so und die Situation hat sich seither nicht entspannt, wohl aber für viele – manchmal sogar drastisch – verändert.

Stress legt sich wie eine Bremse auf die Lust, im Kopf rattert es, die Körperanspannung ist oft erhöht, auch der Puls, wir können nicht abschalten. Das Thema Sex rutscht auf der Prioritätenliste immer weiter nach unten, viele können nicht mehr in Stimmung kommen oder der Lust auf Sex nachgeben, weil sie die Impulse nicht wahrnehmen können und anderes wichtiger ist.

Ich habe Ihnen einen bunten Strauß an Inspirationen zusammengestellt, die sehr gut helfen können, Kopf und Körper zu entspannen. Mein Tipp: Lesen Sie diese in Ruhe durch und probieren Sie, wann immer Sie Lust und Zeit haben. Das, was für Sie besonders wohltuend und entspannend ist, werden Sie gerne immer wieder wiederholen. Viel Freude damit.

Disclaimer: Diese spielerischen Anregungen ersetzen natürlich keine persönliche Beratung und auch kein Entspannungs- oder Burnout-Präventionstraining, wie zum Beispiel einen MBSR-Kurs (Mindfulness-Based Stress Reduction nach Jon Kabat-Zinn) oder anderen wohltuenden Kurs, der Sie gezielt bei der Entspannung und Erholung unterstützen kann. Wenn Sie also das Gefühl haben, unter dauerhaftem Stress zu leiden, wäre es ratsam, sich gezielt Unterstützung zu holen, um aus dieser Belastung gestärkt herauszugehen. Stress ist eine der größten Herausforderungen unserer Zeit.

Entspannung im Kopf: Gedankliche Körperwahrnehmung (ca. zehn Minuten, wenn Sie mögen, mehr)

Sie müssen hier erst einmal gar nichts tun, außer Ihre Wahrnehmung etwas zu verschieben. Bleiben Sie gerne, wo und wie Sie jetzt gerade sind. Es wäre ideal, wenn Sie ein paar Minuten nicht gestört werden. Lassen Sie die Fragen in Ruhe auf sich wirken und spüren Sie jenen Punkten nach, die ein gutes Gefühl in Ihnen auslösen.

» **Wie sitzen oder liegen Sie jetzt gerade?** Wo an Ihren Fingern spüren Sie das Papier, das Tablet, den E-Book-Reader? Wo liegt Ihr Körper auf? Haben Sie Halt im Rücken? Am Gesäß? An den Schultern? Wo ruht Ihr Kopf, wo haben Sie Ihre Arme? Liegen Ihre Beine auf dem Sofa? Sind sie überkreuzt, angewinkelt, ausgestreckt? Berühren Ihre Fußsohlen den Boden? Nehmen Sie Ihren Körper auf der „Unterlage" bewusst wahr.

Möchten Sie Ihre Haltung verändern oder passt alles, wie es ist?

Ruckeln Sie sich so zurecht, wie es Ihnen guttut. Wie sind Sie bekleidet? Ist es angenehm, vielleicht sogar sinnlich, die Materialien auf der Haut zu spüren oder sind Sie gerade nackt? Wie können Sie unangenehme Wahrnehmungen einfach und zum Positiven verändern?

» **Wo sind Sie?** Ist es ein angenehmer Platz, an dem Sie sich gerade aufhalten? Ist es warm oder kühl? Fühlen Sie sich wohl? Wen oder was sehen Sie, wenn Sie den Blick vom Text heben? Finden Sie etwas im Umfeld, das Ihnen besonders gut gefällt? Sind Sie zu Hause oder lesen Sie irgendwo unterwegs? Gibt es Natur oder Stadt rundherum – oder beides? Licht oder Dunkelheit? Welche Farben, welche Atmosphäre gibt es zu entdecken?

» **Was können Sie hören?** Musik, Gespräche oder Geräusche? Empfinden Sie es als angenehm? Ist es laut oder eher leise? Vielleicht sitzen Sie gerade an einem Gewässer oder auch in der Badewanne und es „plätschert" in Ihren Ohren? Oder genießen Sie die Natur, während ringsherum die Vögel zwitschern und die Bienen summen? Oder ist es einfach ganz still?

» **Wie ist der Geschmack in Ihrem Mund?** Vielleicht haben Sie gerade etwas getrunken oder gegessen? Spüren sie es noch auf Ihrer Zunge?

» Nehmen Sie bewusst einen **tiefen Atemzug** durch die Nase. Können Sie etwas riechen? Ihr eigenes Parfum, eine frisch gemähte Wiese, einen Duft, der im Raum liegt?

Ein Sonnenbad nehmen

Wenn Sie nicht wirklich gerade in der Sonne sitzen, stellen Sie sich vor, dass da, wo Sie jetzt sind, die Sonne für Sie scheint – nur für Sie. Lassen Sie vor Ihrem inneren Auge einen Moment auftauchen, in dem Sie ein wunderbares Sonnenbad genossen haben. Versuchen Sie, sich mit allen Sinnen an die Atmosphäre zu erinnern: Wie spüren Sie die wohltuende Wärme auf den Armen, dem Bauch oder im Gesicht, wie das Licht? Die Sonne ist genau so warm und so hell, wie es für Sie jetzt angenehm ist, in Gedanken ist alles möglich.

Verweilen Sie im Augenblick, vielleicht möchten Sie ein paar Atemzüge die Augen schließen, um noch intensiver zu empfinden und zu genießen? Bleiben Sie in dieser Situation, solange es Ihnen guttut.

Diese kleine Wahrnehmungsübung lädt Sie ein, sich voll auf sich selbst zu konzentrieren. Sie kostet kaum Zeit, erfordert aber einen bewussten Entschluss.

Übung macht die Meisterin: Finden Sie immer wieder einen guten Zeitpunkt, an dem Sie bewusst an Ihren „Sonnenplatz" denken, etwa während des morgendlichen Kaffeetrinkens, abends im Bett oder wann und wo auch immer. Sie können sich auch ein kleines Memo gestalten – platzieren Sie es genau dort, wo Sie gerne sonnenbaden möchten. Ein Bild oder ein schöner Gegenstand neben der Kaffeemaschine, im Badezimmer, auf dem Nachtkästchen oder aber ein entsprechender Handy- oder Bildschirmhintergrund erinnert Sie an diese kleine Auszeit.

Entspannung für den Körper
(ca. fünf Minuten)

Sie „dürfen" sich jetzt richtig bewegen. Stehen Sie auf und beginnen Sie rasch durch den Raum zu gehen, Sie können dabei auch gerne schneller werden. Bleiben Sie nach etwa einer Minute stehen und beginnen Sie, wirklich schnell am Stand zu gehen. Legen Sie nach etwa 30 Sekunden oder nach einer Minute noch einmal einen Tick zu, gehen Sie am Platz, so schnell Sie können, und lassen Sie spätestens jetzt die Arme mitschwingen, wieder für etwa 30 bis 60 Sekunden – Sie dürfen dabei auch außer Atem kommen. Erhöhen Sie die Körperspannung, so gut es geht, spannen Sie alle Ihre Muskeln an, wenn Sie mögen auch die im Gesicht. Legen Sie Ihre ganze Kraft in diese Anspannung, lassen Sie dann ganz plötzlich locker und gleiten Sie vorsichtig auf ein Sofa oder auf einen weichen Teppich.

Gerade durften Sie von starker Körperspannung und Konzentration in eine angenehme Entspannung „schalten". Bleiben Sie ein bisschen liegen – und spüren Sie nach. Ihr Körper ist jetzt vermutlich gut durchblutet, vielleicht sind Sie ziemlich außer Atem, die Bauchdecke hebt und senkt sich. Wenn Sie mögen und wieder „fit" sind, wiederholen Sie diese Übung. Achtung: Sie können dabei sehr wach werden, unmittelbar vor dem Schlafengehen ist also nicht die beste Zeit dafür.

Den Tag bewusst abschließen (gut zehn Minuten)

Diese Übung eignet sich besonders gut, wenn Sie üblicherweise nachts noch über den Tag nachdenken. Sie sortieren so Ihre Gedanken und „legen sie ab". Mit ein bisschen Übung kann ein hilfreiches Werkzeug für einen entspannteren Schlaf daraus werden!

Nehmen Sie sich abends, spätestens bevor Sie zu Bett gehen, nochmals ein paar Minuten Zeit, um den Tag in Ruhe Revue passieren zu lassen (am besten schauen Sie danach nicht mehr auf Ihr Smartphone oder ein anderes elektronisches Gerät – das Gehirn braucht ein bisschen, bis es das eher blaue Licht verarbeitet hat und zur Ruhe kommt). Notieren Sie, was dieser Tag gebracht hat, das entlastet Ihr Gehirn und Sie können später nachblättern, um Muster zu erkennen.

Drei Anregungen für diese Nachschau (beachten Sie die Reihenfolge, das ist wichtig!):

1. Was habe ich heute gelernt, was hat mich herausgefordert oder was ist nicht wie erwartet gelaufen?
2. Wann habe ich mich heute gut und wohltuend selbst gespürt, wie war das?
3. Wofür bin ich heute dankbar (weil es zum Beispiel von selbst passiert ist, einfach da war etc.)?

Das, was wir zuletzt denken, kann nachts im Gehirn noch weiterarbeiten. Deshalb ist es gut, wenn Sie sich den positiven Dingen zum Schluss zuwenden und sich kurz vor der Nachtruhe von Sorgen und Weltnachrichten, in welcher Form auch immer, fernhalten.

Was die Lust noch bremsen kann

Unwissenheit, Unsicherheit, Perfektion

Zu Irritationen im Lustempfinden kann es auch durch Unwissenheit oder Unsicherheit kommen. Wer sich nach einer Krankheit, einer längeren Phase ohne Körperkontakt oder Erotik, einer Schwangerschaft oder mit einem neuen Partner erneut als erotische Frau wahrnehmen möchte, kann sich rasch „wie zu Beginn" fühlen. Ich begleite sehr oft Frauen, die nach einer Sexpause, ob als Single oder in einer bestehenden Beziehung, wieder Sexualität genießen wollen.

Auch die Veränderungen unseres Körpers, etwa durch eine Schwangerschaft, durch Hormonumstellungen, Stress, Sport, Gewichtsveränderungen aller Art oder einfach mit den Jahren können – indirekt – Auswirkungen auf unsere Lustfähigkeit haben. Viele Frauen werden an einem gewissen Punkt unzufrieden oder stellen fest, dass sie nicht mehr so „mädchenhaft schlank" sind wie früher. Sie können sich in einer Perfektionsfalle verheddern, die alles andere als (Lebens-)Lust macht. Je liebevoller wir mit Veränderungen des Körpers umgehen können, umso zufriedener können wir ihn und seine täglichen Meisterleistungen genießen.

Kleine Fluchten

Viele fragen sich heute auch: Wie kann beim Sex Lust entstehen, wenn die Energie im Leben knapp wird, weil die Herausforderungen des Alltags nichts davon übrig lassen? Wie kann die Lust wiederkommen, wenn die Kinder anstrengend sind, der Job uns fordert oder im nahen Umfeld jemand sehr krank ist? Auch wenn es vielleicht provokant klingt, aber gerade, wenn es draußen richtig anstrengend ist, brauchen wir kleine Fluchten, die uns stärken und alles ein bisschen vergessen lassen.

Ob das für Sie die Lust sein soll und kann, ist natürlich Ihre Entscheidung. Aus welchem Blickwinkel, welcher Erwartungshaltung sehen Sie sich selbst, Ihren Körper, Ihre Sinnlichkeit, Ihre Sexualität? Was, wenn Ihre Sichtweise nicht die einzige Wahrheit ist?

Ich habe das Gefühl, je verzweifelter und gestresster wir die Lust suchen, umso weniger lässt sie sich finden. Da wir aber immer nur einen kleinen Ausschnitt als Wahrheit sehen – wie wäre es, wenn Sie sich vorstellen würden, dass die Lust sowieso immer da, aber gerade nicht sichtbar für Sie ist, weil Sie stets woanders hinschauen?

Ein klassisches Paradoxon

Stress verhindert oft, dass wir Sex haben, dabei könnte Sex dabei helfen, dass wir weniger Stress haben: Beim Küssen, also tatsächlich bei Zungenküssen, werden unzählige Nervenzellen und das limbische System im Gehirn aktiviert. Durch körperliche Nähe wird ein Mix aus wohltuenden Hormonen wie Oxytocin, Dopamin, Serotonin ausgeschieden, das stressmachende Cortisol wird reduziert und so können wir insgesamt entspannter und friedliebender sein und sind mehr dazu geneigt, Konflikte zu lösen.

Finden Sie Gleichgesinnte

Sobald wir Frauen einander stärken, statt einander um irgendetwas zu beneiden (wir sind ja sowieso alle einzigartig!), sobald wir einander guttun und Kraft schenken, persönlich, privat und beruflich, also in jeder Hinsicht, wenn Sie, wenn wir Frauen das wollen, gelingt ein wichtiger Schritt in die richtige Richtung. In meinen Onlinekursen frauen.lust erlebe ich immer wieder, wie wohltuend Austausch und Unterstützung sein können.

Ich empfehle Ihnen, Menschen ins Vertrauen zu ziehen, die Ihnen wohlgesonnen oder auch unbekannt sind, aber ein ähnliches Anliegen haben - Menschen, zu denen Sie keine sexuelle Beziehung haben oder hatten. Optimal wäre ein konstruktiver und fördernder Austausch, vielleicht mit der besten Freundin oder einer kleinen Gruppe von Frauen, sodass Sie deren Sichtweise und damit die verschiedensten Blickwinkel kennen lernen können. Wenn Sie Ihre Einstellung zu Ihrer Sexualität erkunden und positiver gestalten, macht das auch etwas mit den Menschen, mit denen Sie Ihre Gefühle gerne teilen. Zu erkennen, dass andere ganz ähnliche Themen wie wir haben, kann befreiend und erleichternd sein.

Immer geht nicht. Punkt.

In vielen der unzähligen (Social-Media- und anderen) Kanäle wird uns ständig Perfektion vor Augen geführt: Alle sind stets fröhlich, locker, haben immer Lust, schönes Wetter, superfeines Essen und sowieso den tollsten Körper, die beste Partnerin, den besten Partner, die süßesten, begabtesten Kinder, alle sind an den exotischsten Orten – und führen ein Leben wie im Paradies. Dies oder auch „nur" die Menschen rundherum, die diesen Idealbildern nacheifern, können uns ganz schön unter Druck setzen, unzufrieden machen – und unserer Lust berauben. Schön, dass es einen merklichen Gegentrend gibt, dass wir aufgerüttelt und dazu angeregt werden, nicht alles zu glauben, was wir sehen. Lassen Sie mich hier ausdrücklich darauf hinweisen: Phasen der Unlust sind völlig normal!

Wem es gelingt, diese Phasen anzuerkennen wie Phasen, in denen man weniger Schlaf, Bewegung, Essen oder auch weniger Austausch mit anderen Menschen benötigt, hat seltener ein Problem damit. Eine Phase kommt eben, eine andere geht. Diese Gelassenheit entspannt meist augenblicklich – und Entspannung ist eine wichtige Voraussetzung dafür, dass Lust entstehen kann. Wer sich Druck macht und ständig „überwindet", kommt aus dieser Leistungsspirale mitunter deutlich schwerer wieder heraus.

Oft nehmen wir uns auch nicht die nötige Zeit, um uns zu erholen, sondern erwarten unter Druck, dass „es" von allein wird wie früher. An dieser Stelle möchte ich klar sagen: „Wie früher" wird es nie. Weil WIR nicht wie früher sind. Allerdings kann die lustvollste, intensivste, schönste Sexualität immer noch vor uns liegen.

Wir schämen uns

Widmen wir uns hier noch etwas ausführlicher einem jener Punkte, die uns entscheidend einbremsen und letztendlich auch jeder Lust berauben können – ich halte ihn für sehr bedeutend: Viele der uns einengenden Glaubenssätze basieren auf dem Gefühl der Schuld und Scham.

Frauen zweifeln so oft an sich selbst: Wir schämen uns, sind befangen oder verlegen. Vielleicht, weil wir uns „fremdschämen", also gelernt haben, die Fehler der anderen mittragen zu müssen, vielleicht, weil wir gezeigt haben, was wir uns wünschen, und der andere uns das nicht geben wollte oder ein Machtspiel daraus gemacht hat, vielleicht, weil wir glauben, irgendwelchen „Normen" nicht zu entsprechen ... Es gibt die vielfältigsten Gründe. Die Natur hat uns alle unterschiedlich gemacht, wie glücklich wären wir, wenn wir diese Unterschiedlichkeit in ihrer bunten Vielfalt leben könnten? Schließlich finden wir ja auch verschiedene Menschen attraktiv. Stellen Sie sich vor, keiner würde mehr für Brad Pitt schwärmen, weil es für alle nur mehr Justin Bieber gäbe. Oder stellen Sie sich vor, alle möchten nur Sie. Lassen Sie sich das einmal auf der Zunge zergehen: ALLE wollen nur SIE – niemand will mehr Ihre beste Freundin, Ihre Nachbarin, Ihre Kollegin. Schrecklich, oder? Es ist doch sehr gut und sinnvoll, dass Geschmäcker und Besonderheiten, Äußerlichkeiten, Wellenlängen und Anziehungen, Bedürfnisse und Vorlieben individuell sind, finden Sie nicht? Fakt ist dennoch: Es gibt wohl keinen anderen Lebensbereich, in dem wir uns schneller schämen als in der Sexualität. Das kann schlicht und ergreifend daran liegen, dass sie immer noch ein Tabuthema ist, etwas, über das wir zu wenig wissen, etwas, das wir von klein auf als eine Sache kennen gelernt haben, über die „wir nicht reden" – Scham durch Unsicherheit.

Und so versuchen wir, diese nackten, intimen Momente, die so nährend und innig sein könnten, mit vermeintlicher

Coolness oder Moral zu übertünchen. Das Traurige ist, dass wir dabei bewerten, vor allem auch uns selbst, dass wir uns klein machen, verunsichern, verletzen und abgrenzen, was uns letztlich daran hindert, freier zu probieren und zu gestalten.

Selbstachtung statt Scham

Sexualität ist neben unserer Arbeit und unseren engsten Beziehungen sicherlich die stärkste Quelle unserer Selbstachtung. Gerade wir Frauen sollten aufpassen und schauen, was uns in dieser Hinsicht mitgegeben wurde. Ob Sie zu einer Generation gehören, der mit strenger Moral vermittelt wurde, dass lustvolle Sexualität eine Frau abwertet, oder ob Sie zur sogenannten Generation Porno gehören, die „gelernt" hat, dass frau am besten alles mitmacht und dabei auch noch lustvoll stöhnt – meist wird uns suggeriert, dass die weibliche Sexualität männlichen Bedürfnissen zu dienen hat. Das sitzt ganz tief in uns drinnen.

Wenn wir in der Sexualität unsere eigenen Grenzen missachten und unsere innigsten Bedürfnisse übergehen oder die von „außen" gesetzten Moralgrenzen überschreiten, schämen wir uns oft sehr. Wenn wir „es tun", in welcher Form auch immer wir uns mit „dem da unten" befassen, können ganz viele Mythen und Klischees mit uns im Bett liegen – oder wo auch immer Sie das Vergnügen haben wollen.

Das Wort Scham findet sich bzw. fand sich seltsamerweise auch in manchen Bezeichnungen für unsere Geschlechtsorgane – inzwischen haben sich, und ich bin sehr froh darüber, die Schamlippen in Vulvalippen verwandelt und ist der Schamhügel zum Venushügel geworden (an einer Bezeichnung fürs Schambein arbeiten wir noch) ...

Es schämen sich übrigens nicht nur Frauen, auch Männer tun das. Sie schämen sich aber nicht, wie Frauen, wegen ihrer Lust und Wildheit, ihrer Offen- oder Direktheit, sondern eher wegen ihrer Unsicherheiten, ihrer Ängste oder Gefühle.

Viele Menschen, egal welchen Geschlechts, schämen sich auch wegen ihrer „wahren" Fantasien und verstecken diese: Wenn er oder sie wüsste, was ich wirklich denke, was mich wirklich antörnt, wovon ich wirklich träume, würde mich das zu angreifbar machen. Und damit schieben wir selbst unserer authentischen, freien, lustvollen Sexualität den Riegel vor. Schade darum. Das Schöne daran: Wir können ihn auch selbst wieder lösen.

Hieran können wir gut erkennen, dass wir uns – egal, welchem Geschlecht wir angehören – gar nicht so unähnlich sind. Wir sind jedoch ständig aufgefordert und versucht, spezifische Geschlechterrollen zu erfüllen, die uns vielleicht gar nicht entsprechen, statt authentisch zu sein und uns individuell und geschlechtsunabhängig zu fördern.

Wir sind doch alle menschliche Wesen, so wunderbar unterschiedlich und doch so ähnlich. Es gibt sie nicht, die EINE richtige Sexualität. Doch es gibt Spielvarianten und Möglichkeiten, die Ihnen guttun, Spaß machen, zu Ihrer aktuellen Situation passen und vielleicht auch Ihre „mitgegebene" Scham heilen. Das Schöne ist: Wenn Sie sich bewusst machen, dass Sie wirklich Gestaltungsspielraum haben, können Sie Ihr Lieben und Leben so verändern, dass es wieder Freude macht. Voraussetzung ist allerdings, dass Sie sich ein bisschen Zeit geben und geduldig sind, am besten so liebevoll mit sich umgehen wie mit Ihrer liebsten Freundin oder Tochter. Sie könnten heute und hier erste oder weitere Schritte setzen, Ihre Sexualität neu zu definieren. Üben wir die Offenheit! Machen Sie mit?

Über Jahrtausende hätte eine teuflische Kombination das Leben der Menschen bestimmt: religiöse Heuchelei und strenge soziale Kontrolle. Das habe uns in Bezug auf unsere Sexualität zutiefst verunsichert und mit Schuldgefühlen belastet, schreibt Alain de Botton in „Wie man richtig an Sex denkt".

Und noch eine Aufforderung zu echter Kommunikation

Sexualität ist immer noch ein Thema, das viele Menschen sprachlos, unsicher, einsam, unbefriedigt und schamvoll sein lässt. Warum? Vielleicht, weil wir nicht gelernt haben, miteinander über unsere persönliche Sexualität zu reden. Vielleicht, weil wir Angst haben, uns mit unseren Bedürfnissen zu zeigen, oder weil viele von uns so unsicher sind, dass Wünsche und Fantasien des Partners/der Partnerin als Kritik verstanden werden. Sexualität ist in jedem Fall eine Art der Kommunikation, ob verbal oder nonverbal. Wir gehen im besten Fall mit vielen Sinnen in Resonanz miteinander, nehmen wahr, was, wo, wie jetzt gerade guttut und erregt, was antörnt und wohlige Schauer des Prickelns und der Geilheit durch die Körper schickt. Oder uns auch einfach „nur" sinnlich-wohlig-genussvoll schnurren lässt. Je nach Lust und Stimmung. Wenn Kommunikation, also eben in diesem Fall Sexualität, zur echten Begegnung wird, dann fühlen wir uns im wahrsten Sinne gesehen, verstanden, angenommen, persönlich gemeint. So entstehen Intensität und Hingabe.

Erlauben Sie mir ein kurzes Schlusswort zum Thema Lustlosigkeit: Vielleicht ist eines der hier angesprochenen Themen ein Faktor dafür, dass die Lust in Ihrem Leben weg ist, vielleicht gibt es aber auch andere Gründe. Die schlechte Nachricht gleich vorneweg: Es gibt leider kein Patentrezept – was aber eigentlich gut ist, denn sonst wäre „alles immer dasselbe". Sprechen wir es klar aus: Die Lust bleibt weder nach der Einnahme einer Pille noch nach der „Erleuchtung" dauerhaft da. Und es ist vollkommen in Ordnung, wenn sie sich einmal zurückzieht. Wollen Sie sie (wieder) einladen, so können Sie das am besten mit Aufmerksamkeit, Spiel, Gelegenheiten – ich hoffe, Sie finden viele Anregungen in diesem Buch.

Mein Sex, what else?

LEBENDIGE BEZIEHUNGEN

Bisherige Beziehungsmuster, -erwartungen und -gewohnheiten halten heute nicht mehr, sind von der Regel eher zur Ausnahme geworden. Wie sollen sie auch halten? Wir werden immer älter und wollen immer mehr von einem einzigen Menschen. Wir haben Wünsche, die früher ein ganzes Dorf erfüllt hat. Unser Liebes- und Lebenspartner soll nicht nur intellektuell entsprechen, er soll auch „lebenslang" ein toller und leidenschaftlicher Liebhaber sein, ein bester Freund, optimaler Sportskumpel, bester Papa, Mentor für alle Lebenslagen etc. Und das nicht, wie früher einmal, für 30 Jahre, sondern dank gestiegener Lebenserwartung für 50, 60 Jahre oder sogar länger. Kann das für die meisten von uns noch ein „Erfolgsmodell" sein?

Bis vor wenigen Jahrzehnten war die Ehe dazu gemacht, zu funktionieren und beide Seiten abzusichern. Die Romantik kam erst vor rund 250 Jahren ins Spiel und erst ab der zweiten Hälfte des 19. Jahrhunderts wurde sie in weiten, wenngleich – noch immer – nicht allen Teilen der Welt zur Norm. Mit der Liebe, der möglichst frei gewählten, kam auch die Suche nach uns selbst stärker ins Spiel. Unser eigener Selbstwert ist Dreh- und Angelpunkt im inneren Beziehungssystem: Je mehr gescheiterte Beziehungen wir hinter uns haben, umso vorsichtiger werden wir – und schnell sind wir bei einem völlig verzerrten Selbstbild und geben uns den Stempel „beziehungsunfähig". Aber: Jeder ist beziehungsfähig. Es fehlen uns allerdings oft Ideen und Möglichkeiten, um unseren Weg zu finden, ja, vielleicht auch so etwas wie Rolemodels, die uns inspirieren. Was brauche ich, um die passende Beziehungsform zu finden und den Mut zur Selbsterkenntnis aufzubringen? Was steht mir alles im Weg, damit ich wieder glücklich sein kann?

Anziehung – und dann?

Wir ziehen einander sexuell an – das ist heute meist DER Grund, warum wir uns für jemanden entscheiden. Falls eine Beziehung daraus wird, also mehr als nur das Begehren verbindet, eröffnen sich – theoretisch – durch gemeinsames Gestalten, Probieren, Annehmen und Verführen oder Sich-verführen-Lassen unendliche Spielfelder. Springt unser Unterbewusstsein auf alte Muster an, kann die erotische Anziehung besonders intensiv sein – wir wollen in dieser Situation jetzt und als Erwachsene lernen, besser mit einer Sache umzugehen (es kann durchaus auch von Vorteil sein, dass die „Schmetterlinge im Bauch" irgendwann davonflattern – sobald sich die Aufregung legt, lassen wir Nähe entspannter zu).

Viele erwarten, dass der Hormonrausch von selbst bleibt. Wie Liebe oder Beziehung mit gemeinsamer Sexualität aber so gelebt wird, dass es für beide Teile anregend, nährend, freudig und lustvoll empfinden, dafür gibt es im echten Leben meist wenig Kompetenz (ich wage hier den Gedankengang, dass eine vertrauensvolle, zuverlässige Liebe eine hervorragende Basis für eine stabile und aufregende Sexualität sein kann). Häufig wissen wir nicht, wie wir unsere eigene Sexualität und die mit einem anderen Menschen entwickeln, entfalten, je nach Lebensphase gestalten sollen: Sexuelle Bildung könnte uns hier ein Leben lang unterstützen, da haben wir eindeutig Nachholbedarf!

Natürlich haben sich neue Formen der Partnerschaft entwickelt und sind inzwischen salonfähig geworden: Gar manche Ehe (bisweilen sogar jede zweite!) hält nicht mehr bis in alle Ewigkeit, im Laufe des Lebens gibt es für viele Menschen mittlerweile mehrere Lieben und Beziehungen (schön, dass wir heute entscheiden können). Ob die dadurch gewonnenen Erfahrungen aber immer „lehrreich" waren oder ob die „alten" Muster weitergelebt werden, sei dahingestellt.

Über viele Generationen vererbte und oftmals auch unbewusst weitergegebene Verhaltensmuster und Sichtweisen wirken immer noch nach. Auch wenn wir dies partout nicht mehr wollen und uns selbst ganz bewusst und achtsam verhalten, es ist unsere Entwicklungsgeschichte: So manche Denkweise, so mancher moralische Anspruch ist auch heute noch dermaßen in uns Frauen verankert, dass wir nicht erkennen, wie sehr wir einander und vor allem uns selbst einschränken. Selbstverständlich muss es kein Ziel sein, bei unserer hohen Lebenserwartung ein Leben lang eine Beziehung aufrecht zu erhalten. Ich möchte jedoch klar darauf aufmerksam machen, dass es nicht immer einen neuen Partner braucht, der uns wieder „unter die Haut" geht (allerdings haben wir heute gute Möglichkeiten und können gehen, wenn uns eine Beziehung nicht mehr guttut, wenn sie nicht mehr passt).

Lernen wir, egal wann in unserem Leben, unsere eigenen freudigen, lebendigen und manchmal für den Partner überraschenden Bedürfnisse zu integrieren, könnte auch die Sexualität dauerhaft spannender sein.

Was frau manchmal macht, um geliebt zu werden

Es gibt viele taffe, selbstbewusste oder liebende Frauen, die ihre eigenen Bedürfnisse zurückstellen, sobald es um Liebe oder Sexualität geht. Völlig losgelöst davon, wie intelligent, gebildet, unabhängig oder beruflich erfolgreich sie auch immer sein mögen, die Wünsche des begehrten Mannes werden immer noch zu selbstverständlich, ja automatisiert wichtiger genommen, frau lässt sogar „freiwillig" über sich verfügen. Die eine tolle Frau sitzt als Geliebte ewig auf der Wartebank, weil der unerreichbare Mann sie glauben macht, sie sei die einzig wirklich Begehrte. Die andere nimmt berufliche Chancen nicht wahr, um die Beziehung nicht aufs Spiel zu setzen oder um ihn nicht zu überflügeln. Die nächste begräbt ihm zuliebe ihren Kinderwunsch. Manche Frauen glauben, sie müssten vor allem in der Phase des Werbens, aber auch später, vieles an ihrem Mann

„toll" finden und einen überwiegend glücklichen Eindruck erwecken und dürfen auf keinen Fall anspruchsvoll sein. Auf Kosten der eigenen Entwicklung halten sie ihm den Rücken für seine Karriere frei, bleiben in einer destruktiven Beziehung, in der sie womöglich sogar abgewertet werden (manchmal sehr subtil), weil man sie glauben lässt, sie seien ohnehin „nicht gut genug" für etwas Besseres. So manche Frau schaut weg, wenn sie betrogen wird, weil sie Angst vor den Konsequenzen, vor einschneidenden Veränderungen und Einsamkeit hat. Manche Frau will ihren Mann unbedingt retten und zieht ihren Selbstwert daraus, gebraucht zu werden. Zu viele Frauen spielen Orgasmen vor, weil es einfacher ist, die eigenen Bedürfnisse nicht zu zeigen, oder weil er dann rascher und bequemer glücklich ist usw. Diese Liste tut weh und zeigt auf, warum wir oft gar keine Lust haben – wir verleugnen uns im krassesten Fall selbst. Angst ist kein gutes Bindemittel in einer Beziehung.

Auch in der heutigen Zeit passieren diese Dinge. In meiner Praxis erlebe ich leider immer wieder, dass sich Frauen jeden Alters Tag für Tag und ganz selbstverständlich „kleinmachen" und es ist mir ein großes Anliegen, sie klar zu ermutigen, „aus dem Schatten" zu treten und mit ihrem Partner ein wertschätzendes, gleichwertiges Miteinander zu leben.

Um herauszufinden, warum wir Frauen das alles – und noch viel mehr – tun und wie wir diese Muster durchbrechen könnten, müssten wir hier wohl sehr tief in die Psychologie „eintauchen" und selbst das wäre möglicherweise nicht von Erfolg gekrönt: Zu individuell können die Gründe sein. Vielleicht bekommen Sie aber „bei näherer Betrachtung" ein Gespür dafür, welche Bilder und Anschauungen in Ihrer Familiengeschichte, Ihrem eigenen Kopf herumgeistern – und vielleicht können Sie so auch erkennen, dass wir selbst nicht immer alles ernst nehmen sollten, was wir so denken. Viele Gedanken haben wir nämlich ungeprüft von anderen übernommen.

Selbstverständlich geht es Männern nicht anders: Auch sie tun ganz bemerkenswerte Dinge aus Liebe oder aus dem

Bedürfnis heraus, sich geliebt zu fühlen oder gebraucht zu werden. Eines ist allen Menschen gleich: Wir wünschen uns Liebe und Anerkennung, wir wollen wahrgenommen, gefördert, geliebt und gesehen werden, so wie wir sind.

Die Idee einer freudigen, lustvollen und großen Vision

Denken wir daran: Heute gibt es für uns Frauen viel mehr Freiheiten und Möglichkeiten, unser Leben und damit auch unser Sexualleben selbstbewusster und selbstwirksamer zu gestalten. Und: Es gibt auch deutlich mehr Männer, die wissen, dass es allen besser geht, wenn frau lustvoll und gestärkt durchs Leben geht. Gute Sexualität kann eine starke Kraft und Energie freisetzen, sie ist ein wichtiger Bestandteil unseres Daseins und wir könnten sie in unsere Lebensgestaltung miteinbeziehen. Die gemeinsame Lust an der Leidenschaft braucht für alle Menschen, alle Geschlechter ein Gleichgewicht der psychischen, körperlichen, sozialen und emotionalen Komponenten. Nur dann sind wir in der Lage, loszulassen, uns hinzugeben, zu genießen und Raum für das gemeinsame Spiel zu finden: Wenn wir uns dabei allerdings krampfhaft bemühen, „es richtig zu machen", können kaum Überraschungsmomente entstehen.

Es wäre doch wunderbar, wenn sich mehr Menschen gerade auch in jenen sensiblen und intimen Bereichen trauen würden und ihre Bedürfnisse und Sehnsüchte wahrnehmen und zeigen dürften. So kann man für sich selbst und mit anderen sukzessive das Terrain erkunden und ausweiten. Niemand da draußen ist in der Lage, uns zu sagen, was uns wirklich guttut, wer wir wirklich sind, welche Wege wir am besten wählen. Niemand liest uns an der Nasenspitze ab, welche Bedürfnisse, Wünsche und Sehnsüchte wir wirklich erfüllt haben wollen. Wenn wir lernen, gut in uns selbst hineinzuspüren und ein sicheres Umfeld haben, in dem wir uns selbst neu erleben können, wird das klarer und wir werden immer mutiger, uns zu zeigen – mit unseren ganz individuellen sexuellen Fantasien, Begehrlich-keiten, Attraktionscodes oder auch unseren sexuellen Erregungs- und Anziehungsmustern. Wie schön wäre es, wenn wir uns authentisch ausprobieren und erfahren dürften.

Exkurs: „Mann" will es richtig machen

Ich arbeite manchmal mit Männern, die ihre Frau auch beim Sex mit allen Konsequenzen als gleichwertige Partnerin anerkennen möchten, jeden Handgriff sorgsam überlegen und darauf achten, dass es ihr gut geht. Es sind Männer, die beim sexuellen Spiel immer wertschätzend und „politisch korrekt" sein möchten, die lieber zu oft fragen oder ihr einfach die Führung überlassen. Es sind Männer, die sich kaum noch trauen, zu tun, leidenschaftlich zuzupacken, weil sie verlernt haben, mit ihren Aggressionen umzugehen – und damit meine ich Aggression im ursprünglichen Wortsinn (lat. aggredere = herangehen, etwas in Angriff nehmen).

Viele Frauen erzählen mir, sie lieben es und es erregt sie, wenn der Mann in der Sexualität führen kann, zupacken kann, ihr zeigt, wie sehr er sie begehrt. Natürlich muss das nicht immer gleich sein, muss er nicht immer führen (aber gerade, wenn frau im Alltag zu viel Verantwortung trägt, genießt sie es oft sehr, in der Sexualität nicht dauernd führen zu müssen). Viele Männer sind auf der Suche nach der eigenen positiven geschlechtlichen Identität, sind sie doch vielfach schon von vornherein als die „Bösen", die „Bedrohlichen" abgestempelt. Wie fragte mich ein Mann in der Beratung: „Ist es heute ein Geburtsfehler, Mann zu sein?"

Ein „politisch korrektes" Liebesspiel jedenfalls kann schnell kippen und zur „liebevoll gemeinten Dienstleistung an der Frau" werden, was meist gar nicht erotisiert und glücklich macht. Letztendlich sind solche Männer oft das Spiegelbild jener Frauen, die mitgespielt oder Sex über sich ergehen haben lassen. Lustvoll gemeinsam gestalten geht anders. Gelingt es uns, in der Sexualität „insgesamt" auf Augenhöhe zu sein? Also je nach Lust und Bedürfnis in verschiedene Rollen zu schlüpfen, zu führen und führen zu lassen? Darf Sexualität Freude, ja, Spaß machen? Ich finde eindeutig: Im Bett gehört viel mehr miteinander gelacht, geliebt, genossen.

Vom Spielen eines Klaviers

Ein Klient, Pianist, Anfang 60, wollte seine Frau nach Jahren neu „erforschen und begreifen" und erzählte mir seine Geschichte: „Wir versuchen beide seit Jahren, uns neu zu entdecken, haben schon einiges probiert. Heute wissen wir besser denn je, dass wir zusammengehören, und sind dadurch mutiger und offener geworden. Es geht um schöne gemeinsame Genusserlebnisse, Qualität vor Quantität. Mein Aha-Erlebnis war, als meine Frau mich bat, mir vorzustellen, sie intim so zu berühren, als spiele ich mein Klavier. Einmal entlocke ich ihm ganz leise Töne, ganz zarte, geschmeidige Berührungen bringen die Tasten zum Schwingen, dann wieder flotte Tempi, ich mache eine kurze Kunstpause, bestimmte und sogar heftige Anschläge werden sorgsam eingesetzt ... Diese Anregung hat mir neue Perspektiven eröffnet. Jetzt erspüre ich die Erregung und die Bedürfnisse meiner Frau beim Sex ganz anders, kann viel intensiver auf sie eingehen. Es ist wie ein gemeinsamer Tanz, meine Berührungen und ihre Reaktionen darauf. So ist eine neue, unglaubliche Nähe entstanden, die uns in einen gemeinsamen Rauschzustand heben kann."

Füttern und fördern

Eine Beziehung zu leben, die lebendig ist, heißt, dass beide Seiten ein gutes Miteinander möchten und daher bereit sind, sich wirklich auf den anderen zu beziehen. Es bedeutet, dass man sich klar dazu bekennt, sowohl das Wir zu füttern und in einem bewussten Austausch zu bleiben, wie auch den anderen bestmöglich zu fördern, während man gut mit sich selbst verbunden ist.

Es heißt allerdings nicht, dass man alles gemeinsam machen muss, ganz im Gegenteil. Wir sind eigenständige, lebendige Wesen, jeder von uns erlebt jeden Tag etwas Neues. Selbst im immer gleichen Job mit immer denselben Menschen passiert täglich Leben. Wir machen neue Erfahrungen, bekommen stets neue Impulse. Interessieren wir uns füreinander, kann es im Grunde gar nicht langweilig werden. Sobald wir jedoch aufhören zu fragen bzw. mehr nebeneinander als miteinander leben, vielleicht aufgrund von Missverständnissen oder mangelnder Kommunikation oder auch, weil wir uns verletzt fühlen, gefährden wir nicht nur die Spielräume der Lebendigkeit, sondern die gesamte Beziehung. Sie kann leer und schal werden, weil das freudige Miteinander fehlt (häufig verbirgt es sich aber „nur" hinter einer Schutzmauer – holen Sie sich bitte Unterstützung, es lohnt sich in jedem Fall!).

Nicht immer „Harmonie pur"

Natürlich ist auch in einer lebendigen Beziehung nicht immer alles eitel Wonne, gibt es nicht immer ein liebevolles Miteinander, Harmonie oder nur eine Meinung. Vielmehr steht eine wache Auseinandersetzung im Fokus: Man bewertet nicht, sondern will mehrheitlich Lösungen und Wege finden. Agiert man entspannt, ist Entfaltung leichter möglich – unter Druck,

Stress, ständiger Be- oder Überlastung, in existenzieller Angst „funktioniert" sie selten.

Selbst wenn es schwierig und herausfordernd wird, man in einer wirklichen Krise steckt und womöglich auch (ver-)zweifelt, kann ein solides Fundament verbinden und es einfacher machen, den anderen liebevoll zu betrachten. Der andere ist immer noch in Ordnung, lediglich sein Verhalten stört uns manchmal – unter Umständen auch heftig.

Eine kleine schnelle Übung für zwischendurch: Die Stimmung beeinflussen

Im Grunde könnten wir jede einzelne Sekunde entscheiden, wie wir mit den aktuellen Gegebenheiten umgehen, ob wir wirklich in unserer Selbstverantwortung sind. Da das jedoch viel zu anstrengend wäre, läuft vieles in uns auf „Autopilot". Sobald wir aber davon ausgehen, zu wissen, was auf uns zukommen wird, erhalten wir dies meist auch (Selffullfilling Prophecy).

Versuchen Sie, die Dinge hin und wieder spielerisch, vielleicht auch etwas anders als üblich anzugehen. Vielleicht mögen Sie Antworten auf diese Fragen finden:

» Wie können Sie Ihre eigene Stimmung positiv beeinflussen? Geht das für Sie am einfachsten, wenn Sie Ruhe haben, in der Natur, durch Musik oder Bewegung? Mit bestimmten Menschen, Ihrem Haustier, durch Filme, Gedanken? Hilft Ihnen ein Lächeln, eine Umarmung – können Sie sich dies auch selbst geben?

» Was wünschen Sie sich und welchen Schritt (auch wenn es nur ein Minischritt ist) können Sie jetzt dafür tun?

» Worauf freuen Sie sich jetzt schon?

Die möglichen Phasen
einer lebendigen Beziehung

Anfangs voll Verliebtheit genießen
wir oft auch beim Sex viel mehr
Traum als Wirklichkeit, das kann
verbinden, wenn unsere Werte
zusammen passen.

In einer gesunden Beziehung
können wir Sex immer wieder
bewusst gestalten. Wir können
immer wieder vieles positiv
an einander sehen. Traum
und Wirklichkeit beleben und
ergänzen einander.

Wenn Zärtlichkeiten und lustvolle
Berührungen vernachlässigt
werden, zerplatzen unsere
Träume, wir sehen nur noch
„harte" Realität. Was braucht
es, um die Wunderlampe
wieder anzuwerfen?

Worauf legen wir den Fokus?

Befinden wir uns in einer Streit- oder Krisensituation, nehmen wir meist nur wahr, was nicht passt. Wir sehen Fehler, legen den Fokus auf das, was uns stört, verletzt, verunsichert oder traurig macht, auf das, worin wir uns missverstanden fühlen. Natürlich finden wir für unsere Missstimmung Bestätigung und durchleuchten vielleicht auch andere Situationen mit unserem Scannerblick: Letztendlich neigen wir dann eher dazu, die ganze Person oder Beziehung infrage zu stellen, statt das störende Verhalten vom Menschen zu trennen und zu sagen: Ich liebe dich von Herzen, aber das hat mich wirklich verletzt.

Sind wir hingegen gerade mit jemandem in einer verliebten, erotischen Stimmung oder Beziehung, fällt es uns leicht, genau das Wohltuende, Verbindende, Schöne, Spannende aneinander wahrzunehmen. Wir sehen ausschließlich die schönen Aspekte dieser Situation, denken an Worte, Berührungen, an die geliebte Stimme, schon kleine Erinnerungen können Schauer durch den Körper jagen. Wir fühlen uns prickelnd erotisiert und blenden unbewusst aus, was das Verliebtsein stören könnte. Möglicherweise haben wir sogar weniger Hunger, weil all unsere Sinne auf dieses wunderbare Wohlgefühl ausgerichtet sind. Kennen Sie einen derartigen Zustand?

Aus dem Mangeldenken kommen

Ein Paar, Rudi und Anna, kommt zur Beratung – streitend, aber ohne sich dabei eines Blickes zu würdigen. Das Gespräch findet ausschließlich über mich statt, man spricht nur indirekt miteinander. Natürlich haben beide das Gefühl, der andere höre ohnehin nicht zu, was die belastete Stimmung zusätzlich verstärkt. Ich stelle ein paar gezielte und verbindende Fragen und recht rasch wird Anna und Rudi klar, dass sie aneinander vorbeireden und jeder nur seinen Frust abladen will. Beide fühlen sich vom anderen nicht wahrgenommen, sind so im kämpferischen Mangeldenken geübt, dass es nicht mehr möglich ist, wirklich miteinander zu kommunizieren – und zwar so, dass einer spricht und der andere wirklich zuhört und Raum gibt – natürlich abwechselnd, sodass beide ihren Raum und ihre Aufmerksamkeit bekommen.

Ein erster Blick wandert von Rudi zu Anna. Sie bemerkt es und sieht ihn in weiterer Folge mehrmals für zumindest einen winzigen Augenblick an. Der Anfang ist gemacht, die negative Spannung beginnt sich langsam aufzulösen, die Blicke werden länger, auch ein bisschen häufiger, die ersten direkten Worte gewechselt. Ich biete Kaffee an, um Luft und Bewegung in die Sache zu bringen.

In den weiteren Sitzungen wird es immer einfacher, das Gespräch fortzusetzen und dort anzuknüpfen, wo man stehengeblieben ist. Letztendlich gehen Anna und Rudi mit Anregungen und ersten wohltuenden Erlebnissen, die einen neuen soliden Grundstein für eine gute, freudige Beziehungsbasis bilden, nach Hause. Ein erotisches Miteinander kann wieder gelebt werden, beider Blick hat sich geweitet.

Es gibt Möglichkeiten für neue Umgangsformen in Freiheit, Liebe und Offenheit. Indem ich mich in meiner Wahrheit zeige, gebe ich anderen Menschen die Chance, zu ihrer eigenen Wahrheit zu finden und zu stehen.

Mein Sex, what else?

Die Geschichte zeigt: Wir können die Perspektive wechseln, wenngleich es manchmal eines Anstoßes oder einer „Übersetzung" bedarf und auch deshalb ein bisschen dauern kann. Aber selbst in Streitsituationen ist meist viel mehr Verbindendes da, auf das wir uns konzentrieren können, als nur „das Thema", an dem der Konflikt hängt. In den seltensten Fällen will man den anderen verletzen, meist hängt man in destruktiven Schleifen des Unverständnisses oder der Missverständnisse fest und wird mit seinen Bedürfnissen kaum wahrgenommen.

Liebe ist nicht nur ein Gefühl, sie ist vielmehr eine aufmerksame Tätigkeit.

Der vermeintliche Widerspruch von Sicherheit und Freiheit

Sicherheit und Freiheit sind zutiefst menschliche Bedürfnisse, wir wollen beide Werte bzw. Qualitäten gerne leben. Im Grunde fühlen wir uns meist dann richtig frei, wenn wir uns andererseits auch ganz sicher fühlen und wissen, woran wir sind.

Aber wie geht das? Viele Menschen denken spätestens dann, wenn sie sich auf eine „ernsthafte" Beziehung einlassen, sie müssten sich zwischen den so gegensätzlich scheinenden Bedürfnissen entscheiden – quasi nach dem Motto: Entweder kann ich aus freien Entschlüssen machen, was mir wirklich guttut, und mich auch sexuell frei entfalten oder ich habe eine gute Beziehung. Einige Menschen, die zu mir kommen, haben dieses Motto verinnerlicht, sie glauben, etwas Wichtiges oder sogar sich selbst aufgeben zu müssen, wenn sie sich binden. Natürlich haben auch sie das Bedürfnis nach Sicherheit – erst, wenn wir uns sicher fühlen, kann Vertrauen entstehen und die Basis für ein gemeinsames Leben verlässlich aufgebaut werden. Allerdings: Ein Zuviel an Sicherheit im Sinne von Kontrolle, Enge oder Symbiose kann Erotik und Lust teuflisch langweilig machen. Oft folgen dann „Machtkämpfe", was in dieser Situation normal und logisch ist, weil wir nach einer Verliebtheitsphase mit „Verschmelzungstendenz" wieder unser eigenes Terrain abstecken wollen.

Dabei könnte es auch einfach sein

Mit welcher Einstellung und Erwartungshaltung gehen Sie in eine Beziehung oder sind Sie – vielleicht vor vielen Jahren – in Ihre Beziehung gegangen? Fühlen Sie sich dann besonders frei, wenn Sie eine nährende, stabile Basis haben? Wenn Sie zwar verbunden, aber auch autonom sein dürfen und sich über weite Strecken freiwillig einbringen können? Wenn Sie sich ganz „nackt" zeigen dürfen, so, wie Sie sind, und „trotzdem" gesehen und geliebt werden? Wenn es ein Commitment gibt? Eine klare Zugehörigkeit und die Entscheidung, ein freudiges Miteinander gestalten zu wollen, kann innerlich sehr frei machen.

Gleichwertige Beziehung – guter Sex

Übrigens, die Statistik belegt: Je gleichberechtigter und selbstverständlicher sich Menschen in einer Beziehung für den Alltag mit all seinen Aufgaben verantwortlich fühlen, umso freudiger ist die Beziehung und umso besser ist der Sex. Es ist also nicht sexy, wenn Männer sich aus dem Haushaltsmanagement oder dem familiären Alltagsleben ausklinken. Warum das so ist? Vielleicht deshalb: Wenn beide berufstätig sind und die Frau immer noch Regeln aufstellen, bitten oder gar anweisen muss oder wenn sie die Verantwortung für das Haushaltsmanagement ganz allein tragen soll, ist die Beziehung nicht gleichwertig. Punkt. Und das wirkt sich auch auf der sexuellen Ebene aus. Punkt. Welche Frau findet einen Mann, der sich quasi auf ihren Schultern ausruht oder wie ein Kind auf Anweisungen von ihr wartet, wirklich attraktiv?

Wie können wir begehren, was wir schon haben?

Fakt ist: Das Bedürfnis nach einem Zuhause, nach Sicherheit und Geborgenheit ist zutiefst menschlich und möchte befriedigt werden. Wenn wir jedoch unsere Partnerin, unseren Partner deshalb intensiv einordnen und „zu wissen glauben", wie sie/er tickt, so macht das oft nicht sexy. Das ist vor allem der Fall, wenn der Fokus zu sehr auf immer wiederkehrenden

Ritualen und Gewohnheiten liegt, wenn es kaum Abweichungen, Spielräume und Überraschungen gibt und so womöglich zu viel „nebeneinander" statt „miteinander" gelebt wird. Denn wir wissen: Es sind die gemeinsamen freudigen Erlebnisse und durchaus auch Überraschungen und Abenteuer, es ist das Unbekannte, das uns lebendig werden lässt. Unser Gehirn, unsere Sinne werden wach, wir erleben wieder bewusster. Im Grunde könnte es recht einfach sein, freudige Momente, die wir einander und miteinander ermöglichen, intensiver zu genießen.

Die Liebe hat (Nähe, Sicherheit etc.), das Verlangen will (Brücken überqueren, erobern, ankommen, spielen).

Gemeinsam neugierig probieren

Susanne ist seit über 20 Jahren verheiratet, sie lebt mit ihrem Mann und zwei pubertierenden Kindern. Bei unserem ersten Gespräch erzählt sie mir, dass sie seit längerem keine Lust auf Sex verspüre – weder mit ihrem Mann noch mit sich selbst oder mit jemand anderem. Ihr Mann sei „lästig", er zeige immer wieder, dass er sie begehre, was sie ungemein störe. Mittlerweile gehe das seit über einem Jahr so.

Susanne will jetzt nach den Ursachen ihrer Lustlosigkeit forschen. Im Laufe unserer Sitzungen wird immer klarer, dass sie sich quasi „nichts mehr erwartet" und sich wohl eigentlich erhofft, sie könne das „Kapitel Sexualität, wie sie es bisher kannte" abschließen. Zudem zeigt sich, dass sie sich in ihrem älter gewordenen Körper sehr unsicher fühlt: Sie sei nicht mehr schön genug und könne deswegen auch sexuell nicht mehr als attraktiv wahrgenommen werden (Vorwand oder persönliches Empfinden?). Durch diese Sichtweise bewertet sie auch ihren Partner und vertraut nicht darauf, dass er sie tatsächlich begehrenswert und attraktiv findet.

Eines Tages erzählt Susanne, ihr sei der Kragen geplatzt und sie habe zu ihrem Mann gesagt, dass er sich doch bitte eine andere suchen und sie in Ruhe lassen solle. Sie wirkt erleichtert, aber auch etwas unsicher.

Nach einigen Wochen kommt sie wieder zu mir, sie wirkt energiegeladen, aufgewacht, ihre Ausstrahlung ist eine vollkommen andere. Aufgeregt erzählt sie, was passiert sei: Ihr Mann habe ihre Aussage doch tatsächlich ernst genommen – wie könne er nur? Es gäbe nun eine Frau, die ihn attraktiv fände und ihn näher kennen lernen wolle. Man sei sich via Tinder begegnet, habe sich bereits einmal getroffen, geflirtet, geküsst, aber keinen Sex gehabt.

Der kluge Mann hatte allerdings mit offenen Karten gespielt und Susanne ganz konkret gefragt, ob sie wirklich wolle, dass er mit dieser anderen Frau Sexualität lebe. Zack – da war Susanne im Augenblick klar geworden: Es ist ihr nicht egal, wie es ihrem Mann geht. Er ist ein lebendiges sexuelles Wesen – es gibt eine andere Frau, die ihn sexuell begehrt. Das hat ihr die Augen geöffnet und ihr gezeigt: Sie will eine Liebesbeziehung mit ihrem Mann leben.

Susanne und Andreas haben einen alles verändernden Aha-Moment erlebt, Streit, Wut, Tränen, offene Worte und ein klares Bekenntnis von Andreas zu Susanne, zu ihrem Körper, ihrem gesamten Wesen. An diesem Abend sind sich die beiden nach langer Zeit auch wieder sexuell nähergekommen – ganz so, wie es für beide gut war.

Die Angst vor Lust, Hingabe und Unattraktivität hat nun keinen Platz mehr in Susannes Leben. Sie strahlt, fühlt sich lebendig und wie frisch verliebt – und versteht gar nicht mehr, warum ihr die Lust auf Sexualität mit ihrem Mann gefehlt hat. Sie ist unendlich glücklich darüber, dass Andreas nicht aufgegeben hat, und will lernen, ihre Lust und Erregung aktiv zu gestalten. Auch dieser unbekannten Frau ist sie von Herzen dankbar – dafür, dass sie ihr wieder vor Augen geführt hat, wie begehrenswert Andreas ist.

Was jetzt komplett neu und gut ist: Susanne hat durch dieses Erlebnis endlich begonnen, über ihre eigenen sexuellen Bedürfnisse nachzudenken. Sie macht nicht mehr einfach mit, sondern gesteht sich zu, auch selbst und mit Andreas gemeinsam neugierig zu probieren und zu gestalten und deutlich mehr in ihre eigene erotische Welt einzuladen.

Wir kennen das fast alle: Immer wieder einmal nehmen wir uns aus dem Spiel, weil „es" nicht passt. Natürlich kann das auch sehr wertvoll sein, um zu sich selbst zu kommen und sich zu sortieren – schade nur, wenn wir uns dauerhaft aus der sinnlichen, erotischen, sexuellen Verbindung in unserer Beziehung nehmen und so am Rande der Tanzfläche sitzen bleiben, statt uns nach einer Erholungspause wieder aktiv aufs Parkett zu wagen. Ja, klar geht es häufiger auch darum, öfter Sex miteinander zu haben, aber vor allem auch um besseren, lebendigeren Sex.

Sex ist nicht etwas, das wir tun müssen, sondern etwas, dem wir Räume öffnen können.

Neugierde hilft

Was ich Ihnen an dieser Stelle gerne ans Herz legen möchte: Selbst, wenn Sie glauben, den anderen schon wirklich gut zu kennen, und es auch beruhigend und entspannend ist, ihn einschätzen zu können, zu wissen, wie er tickt – bleiben Sie neugierig! Jeder von uns ist ein lebendiges Wesen, gewinnt täglich viele neue Eindrücke, trifft neue Menschen … Wenn Sie Ihren Partner immer wieder, vielleicht ein bisschen wie eine andere Kultur, kennen lernen wollen, so macht Sie das vital, wach, neugierig, offen.

In bestehenden Beziehungen braucht es die wirklich bewusste Entscheidung beider, einander „neu" oder wieder bewusster entdecken zu wollen, den Willen, es sich und einander schön zu machen, aber auch Wachheit, Aufmerksamkeit und eine gesunde Portion Neugierde – oder glauben Sie wirklich, schon alles über ihren Partner zu wissen?

Noch ein paar Punkte zum Thema:
Wie Sie Ihre Lust kultivieren können

Wir begehren den anderen besonders, wenn …
» wir gemeinsam aus dem Alltag aussteigen und Freudiges erleben können
» er/sie weg ist und wir unsere Sehnsucht wieder spüren
» er/sie sich mit echten Interessen beschäftigt, dabei voll in seinem/ihrem Element ist und wir die Hingabe spüren
» wir ihn/sie in der Interaktion mit anderen erleben und sich so eine gesunde Distanz ergibt, wenn wir ihn/sie quasi mit anderen Augen sehen und Brücken wieder überqueren dürfen
» wir miteinander lachen und Spaß haben
» wir miteinander etwas erleben
» wir freundlich und wertschätzend miteinander sind
» wir Vertrauen, Offenheit und Ehrlichkeit selbstverständlich und verbindlich miteinander genießen können
» wir immer wieder neugierig aufeinander sind, Fragen stellen und wirklich bewusst den Antworten lauschen
» es Überraschungsmomente gibt und etwas Freudiges und Neues da ist – nicht nur eine neue Sextechnik oder ein Spielzeug
» „gesellschaftspolitisch unkorrekte" Dinge ins Spiel kommen, wie beispielsweise Dominanz, Machtspiele, gelenkte Aggression, Unanständigkeit, Unfug – denn Tabubrüche können uns richtig einheizen
» wir gesund egoistisch sein und bei uns bleiben können, also uns selbst mit all unseren Bedürfnissen gut spüren, auch wenn wir mit jemand anderem sind – so können Neugierde, Entdeckerdrang, Verspieltheit entstehen

Positiv werden

Das sagen mir viele Frauen: Um von Alltagsproblemen, gesell-
schafts- oder weltpolitischen Themen, dem abendlichen Serien-
geschehen etc. wegzukommen und freudigen Sex genießen zu
können, braucht es irgendwann auch persönliche Themen, die
positiv stimmen. Ganz viele sehnen sich einfach nach Nähe, nach
körperlichen Berührungen, gemeinsamen Erlebnissen, Freude
oder einem intensiven Blickkontakt, einem liebevollen Wort. Wie
wäre es, wenn Sie selbst den ersten Schritt tun, damit Sie bekommen, was Ihnen guttut?

Wir nehmen uns aus dem Spiel, wenn wir …

» Heimlichkeiten oder Unwahrheiten leben, das Vertrauen
  arg belasten oder zerstören
» unzuverlässig oder unverbindlich sind
» laufend kritisieren oder unfreundlich zueinander sind
» den anderen zu oft auf Distanz halten oder nicht wahrnehmen, womöglich sogar angreifen oder ignorieren
» über einen längeren Zeitraum zu viel Stress haben
» uns alt oder müde fühlen
» unseren Körper nicht mögen
» keine Zeit für uns selbst haben
» uns wertlos fühlen, egal ob im Job oder in einem anderen
  Bereich
» glauben, kein Recht auf Genuss zu haben

Wer lebt schon gerne mit einem Minus am Konto?

Was passiert, wenn wir nicht mit unserem Gegenüber kommunizieren, wenn wir unverbindlich sind, unfreundlich, undankbar, an-
griffig, überkritisch, ignorant, ab- oder bewertend, nicht ehrlich,

nicht authentisch, nicht verständnisvoll ...? Klare Worte: Wir leeren unser Beziehungskonto und damit geht die Freude an der Beziehung genauso verloren wie die Lust am Sex. Dabei ist im Gegenzug das Einzahlen gar nicht schwer: Wirklich persönliche Kommunikation, Verbindlichkeit, Freundlichkeit, liebevolle Fragen („Kann ich etwas für Dich tun?"), direkter Blickkontakt, kleine Geschenke, liebevolle Nachrichten zwischendurch, Hilfsbereitschaft, Anerkennung für das, was wir alltäglich füreinander tun, Zärtlichkeiten, Zweisamkeit ohne Störfaktoren – das und noch viel mehr bringt uns wieder ins Plus, stärkt Vertrauen und Nähe.

In welchem Bereich ist Ihr Blickwinkel auf den anderen oder auf Sie selbst fixiert? In welchen Bereichen fällt es schwer, zu sehen, was auch noch da ist? Was ist für Sie wahr, worauf legen Sie Ihr Augenmerk? Auf die Sinnlichkeit oder auf die gähnende Leere, die die Sinnlichkeit ersetzt hat? Zahlen Sie auf Ihr Beziehungskonto ein?

Was Sie wohl besser bleiben lassen, wenn Sie die Lust für die nächste Begegnung fördern wollen

Ja, manchmal frisst uns der Alltag beinahe auf und die Probleme scheinen uns und unserer Lebensfreude wirklich über den Kopf zu wachsen. Vermeiden Sie beispielsweise die folgenden Themen und Dinge – sie sind meist nicht „förderlich", wenn Sie in einen entspannten und lustvollen Zustand kommen wollen:

» Weltnachrichten mit Katastrophenmeldungen ansehen
» länger über Probleme reden oder zu viel über die Schwierigkeiten der Vergangenheit
» über Wehwehchen oder Krankheiten intensiv reden
» schnell noch die Social-Media-Kanäle checken
» sich selbst vor dem Spiegel noch sehr kritisch betrachten

Führen Sie die Liste bitte individuell weiter ...

Tipp: Wenn Sie über Ihren Sex mit Ihrem Partner reden möchten und dabei möglicherweise auch heiklere Dinge klar ansprechen wollen – tun Sie dies vorzugsweise nicht im Bett, sondern in einer unverfänglichen Atmosphäre. Ich empfehle hier gerne gemeinsame Spaziergänge: Da wird es keinen Sex geben und durch Bewegung in der Natur sind Emotionen oft leichter „hinzunehmen".

Verführung, Verführung – quo vadis?

Sexualität beginnt mit einer Einladung, einer Absicht

Was oft vergessen wird: Das größte Sexualorgan ist für viele das Gehirn. Bevor wir einander berühren, brauchen wir gute persönliche Gespräche, Positives, vielleicht Inspiration, Aufmerksamkeit, vielleicht Komplimente, liebevolle Blicke ... So kann der Wunsch entstehen, Nähe und Zärtlichkeit mit diesem einen oder diesen speziellen Menschen austauschen zu wollen.

Sexualität umfasst nicht nur den Geschlechtsverkehr, sondern beginnt schon weit davor. Was wir bis vor kurzem noch Vorspiel genannt haben, ist bereits Sex, denn dieser umfasst die geistige, emotionale, seelische, in jedem Fall körperliche Erregung. Viele Paare einigen sich unbewusst auf den „kleinsten gemeinsamen Nenner", also ein gut bekanntes, funktionierendes Spiel, das mit der Zeit zur Routine geworden ist. Aber immer dasselbe ist langweilig – das wissen wir aus vielen Lebensbereichen.

Aussterbende Spezies?

Wir leben in einer Zeit, in der Flirt und Verführung eigentlich ... aussterben, oder? Bei der Verwendung von Dating-Plattformen geht es mehr darum, uns selbst zu vermarkten. Am besten so, dass wir uns ins beste Licht rücken und trotzdem ehrlich bleiben. Kann das Verführung sein?

Viele Dinge, die vor nicht allzu langer Zeit „ganz normal" waren, bei denen wir Frauen oft „selbstverständlich" mitgemacht, die wir ausgehalten oder geflissentlich überhört haben, werden öffentlich diskutiert und endlich als das gesehen, was sie zu oft waren – plumpe Übergriffe. Ich hoffe sehr, dass wir dabei sind, die freudige Kultur der Verführung neu und wertschätzend zu definieren.

Was macht den Unterschied zwischen Verführung und Übergriff? Der Mensch? Die Achtsamkeit? Ob es eine Einladung oder ein Zupacken ist? Ob frau angefasst wird oder nicht? Ob Grenzen gleichwertig erkundet und gehalten werden? Ist auch die Attraktivität des Mannes ausschlaggebend dafür, wie frau wertet? Provokant gefragt: Dürfte uns jemand wie George Clooney ungefragt umarmen, während wir einen Typen, der uns nicht gefällt, in derselben Situation als übergriffig wahrnehmen würden? Wie „darf" Verführung heute noch stattfinden, wie ein Flirt? Wie würden wir uns wünschen, verführt oder angeflirtet zu werden? Tauschen Sie sich untereinander aus, mit Freundinnen und Freunden, mit Ihrem Partner ...

Liebe Frauen, gestalten wir die „Verführung neu" aktiv mit! Denn verführen oder verführt werden, den passenden Mix aus liebevoller Aufmerksamkeit und zärtlichen Berührungen schenken und bekommen – das wollen wir doch immer.

Verführen und verführen lassen

Es gibt Menschen, die werden lieber verführt, und es gibt Menschen, die verführen lieber. Manchmal gibt es Paare, bei denen beide darauf warten, dass der andere aktiv wird. Das ist schade, ich rege Sie herzlich an, darüber zu reden! Wie auch immer es bei Ihnen ist, warten Sie nicht, leben Sie los!

» Überprüfen Sie die Bilder, die Sie zum Thema „Verführung" im Kopf haben. Mögen Sie dieses Wort überhaupt oder finden Sie „Anbahnung", „Einladung" oder was auch immer passender? Haben Ihre inneren Bilder der Verführung etwas mit Ihrem Aussehen zu tun? Mit einer bestimmten Atmosphäre? Mit Ihrer Aufmerksamkeit oder der einer anderen Person? Mit Berührungen? Mit Gesten oder Worten? Mit Ihrer Einstellung? Einer bestimmten Inszenierung? Womit könnte Verführung – im positiven Sinne – für Sie noch zu tun haben?

» Wie haben Sie schon erfolgreich verführt? Würden Sie das gerne wiederholen bzw. wie möchten Sie heute verführen? Wie zeigen Sie Ihrem Partner, dass Sie Lust auf Nähe, Zärtlichkeit, vielleicht auch mehr haben?

» Woran merken Sie, dass Sie verführt werden? Was macht Ihr Partner? Wie bemerken Sie, wenn Sie von jemandem angeflirtet werden? Wann sagen Sie stopp, wann gehen Sie darauf ein? Was sind absolute No-Gos für Sie?

» Falls Sie in einer Beziehung sind: Sprechen Sie das Thema „Verführung" ruhig an, tauschen Sie sich aus. Wer bemerkt was und wann – ist das für Sie beide stets klar? Es wäre doch sehr schade, wenn Sie Ihre Verführungskünste, vielleicht sogar gegenseitig, wenig bis gar nicht wahrnehmen würden. Das kann zum Rückzug und zum Gefühl, abgelehnt zu werden, führen. Dabei ist es doch „nur" eine Frage der Kommunikation!?

Aus meiner Erfahrung haben wir hier oft unterschiedliche Wahrnehmungen, unsere Sinne springen unterschiedlich an. Wofür sind Sie besonders empfänglich? Ist es das Optische, die Stimme, sind es Gerüche, Zärtlichkeiten, Küsse? Wir fühlen uns oft nicht gesehen, ja, sogar abgelehnt, dabei haben wir auch unterschiedliche „Sprachen der Verführung". Versuchen Sie, die Sprachlosigkeit zu überwinden. Sie können beispielsweise erzählen, wie Sie bisher auf ihren Partner zugegangen sind – und sich nicht bemerkt gefühlt haben. Bleiben Sie bei Ich-Botschaften, erzählen Sie von sich: Ich wünsche mir ..., ich bemerke ... So gelingt es deutlich einfacher, von ihren eigenen Wünschen zu erzählen und keine Vorwürfe oder Forderungen zu äußern.

Ein kleiner Forschungsauftrag

Was finden Sie heute an Ihrem Partner attraktiv? Was wäre, wenn jemand anderer Ihnen vor Augen führen würde, wie begehrenswert Ihr Partner ist? Was würde passieren, wenn Sie auf Ihren Partner zugehen und ihn ganz konkret verführen, einladen oder auch sagen, was Ihnen gefällt, was Sie mögen?

Zeit für Inszenierungen, Drehbücher und mehr

Haben Sie Lust auf Besonderes? Nun, das Besondere geschieht, weil Sie es zu etwas Besonderem machen – im Grunde ist jeder Geburtstag nur ein ganz normaler Tag. Sie überlegen sich genau, was passieren soll, was getan und gegessen wird, wohin Sie gehen, was Sie verschenken oder sich wünschen. Wie wäre es, wenn Sie Ihre erotischen Begegnungen auch hin und wieder planen oder inszenieren? Was möchten Sie erleben? Wie können Sie das anregen, dazu einladen?

Juhu, es wird etwas Besonderes – eine erste Inszenierung

Wie wäre es, wenn Sie einen der kommenden Abende, ein Wochenende oder einfach Ihre nächste Verabredung etwas anders angehen? Wenn Sie allein etwas vorbereiten oder auch gemeinsam mit Ihrem Partner (dann können Sie sich beide darauf freuen!)?

In die eigene Welt einladen – eine zweite Inszenierung

Vereinbaren Sie Dates miteinander – so geben Sie sich als Paar, in Ihrer Rolle als Frau und Mann, bewusst Zeit und Raum. Bei diesen Dates geht es nicht darum, sich zum Sex zu verabreden, sondern gemeinsam etwas Schönes, Freudiges zu erleben, das Sie aus dem Alltag aussteigen lässt. So gelingt es einfacher, Nähe entstehen zu lassen, ganz authentisch da zu sein. Genießen Sie wirkliche Zweisamkeit, ohne Ablenkungen. Selbst wenn es kleine Kinder gibt: Zwei Verabredungen pro Monat sind in ganz vielen Fällen machbar. Durch Nähe kommt oft die Lust auf mehr – vor allem dann, wenn es sein kann, dass Sex passiert, aber nicht sein muss.

Einerseits geht es hier um die Etablierung eines Rituals, das damit verbundene Wissen und die Klarheit, dass es diese, nur für Sie beide bestimmten Zeitinseln gibt. Andererseits möchte ich Sie hier anregen, nicht automatisch immer dasselbe zu tun. Besonders inspirierend und lebendig können diese Verabredungen sein, wenn Sie einander abwechselnd, ohne dabei groß „aufzurechnen", gegenseitig einladen. Ihrer Fantasie sind keine Grenzen gesetzt, planen Sie eine kleine Radtour mit Picknick oder einen Ausflug, ein nettes Abendessen oder den Besuch eines Konzertes, einen Spaziergang im Wald, einen Besuch in der Therme etc. Geben Sie Ihrem Partner, wenn er Überraschungen liebt, nur den Dresscode bekannt ...

> Wenn mehr Menschen ihre Sexualität wie ein Geburtstagsfest inszenieren würden, gäbe es viel mehr davon!
> Bettina Weidinger, ISP

Machen Sie drei Regeln zur Grundlage Ihrer Inszenierung

1. Überlegen Sie nicht, was der Wunsch des anderen sein könnte. Finden Sie etwas, das Ihnen gerade wichtig oder angenehm ist, laden Sie in Ihre höchstpersönliche Bedürfniswelt (außer Sie wissen schon vorher, dass Ihr Partner von Ihrer Idee ganz und gar nicht begeistert wäre).

2. Falls ein Date aus einem wichtigen Grund nicht eingehalten werden kann, ist der oder die Absagende dafür verantwortlich, diese Tatsache so zeitig wie möglich anzusprechen und einen neuen Zeitpunkt für die Verabredung zu fixieren.

3. Ein heißer Tipp: Reden Sie bei Ihren Dates nicht über dieselben Themen wie sonst, also über ihre Alltagssorgen und Probleme. Wenn es Wichtiges und Dringendes gibt, nehmen

Sie sich dafür Zeit, aber in einem klar abgegrenzten Rahmen – zum Beispiel auf dem Weg zum Restaurant, zur Ausstellung, zur Wanderung. Sprechen Sie dann nicht mehr darüber, sondern über andere persönliche Themen.

Verabreden Sie sich mit Ihrem Partner so, als ob Sie sich gerade für ein erstes Date treffen wollen. Das klingt – und ist – zwar konstruiert, macht aber etwas mit Ihnen beiden, weil es die Spannung erhöht und einen frischen Kick in die Beziehung bringt (ich habe die Erfahrung gemacht, dass manche Paare diese Anregung sofort ablehnen, während sich andere gerne darauf einlassen). Disclaimer: „So tun, als ob" kann gewinnbringend sein, wenn Sie etwas mehr Lebendigkeit in Ihre Beziehung bringen möchten – es funktioniert aber relativ sicher nicht gut, wenn Sie gerade in einem echten Konflikt stecken!

So tun, als ob – eine dritte Inszenierung

Treffen Sie sich bei Ihrem Rendezvous am besten an einem Ort, den Sie nicht kennen, also keinesfalls in Ihrem Stammlokal. Tun Sie so, als ob Sie einander noch nie zuvor gesehen hätten, also quasi ein „Blinddate" miteinander haben. Gehen Sie nicht gemeinsam von zu Hause los, treffen Sie einander wirklich erst am vorgesehenen Ort – wie eben bei einem ersten Date. Können Sie es zumindest eine Stunde durchhalten und so tun, als würden Sie sich gerade erst kennen lernen? Sie werden erleben, dass Sie einander mit einem völlig anderen Bewusstsein begegnen. Wann haben Sie Ihren Partner zuletzt gefragt, was genau er tut und ob er Freude daran hat? Ob er nette Kollegen hat? Welchen Hobbys er nachgeht? Wonach er sich sehnt? Welche Musik er gerne hört, wo er am liebsten seinen nächsten Urlaub verbringen würde? Was er im letzten Jahr Neues gelernt hat? Wobei er sich besonders leicht tut? Was er sich für sein Leben erträumt oder was er sich von einer Beziehung genau wünscht? Und gehen Sie, wenn Sie mögen, auch ein Stück weiter: Fragen Sie Ihren Partner, ob er sexuelle Fantasien hat, die er gerne mal erzählen oder leben möchte? Was er braucht, um mutig genug zu sein, dies auch zu zeigen? Optimal endet der Abend mit der Frage: „Zu dir oder zu mir?" Vielleicht sogar mit einer heißen Nummer?

Noch einmal Dates – diesmal geht es klar um gemeinsame Sexualität

Verabreden Sie sich mit Ihrem Partner ganz „eindeutig" für zwei Sexdates. Optimal liegt nicht viel Zeit zwischen den Verabredungen, sie sollten jedoch nicht unmittelbar hintereinander stattfinden. Jeder von Ihnen beiden steht bei einem Date im Mittelpunkt der Aufmerksamkeit.

Ihr Partner ist nicht für Ihre Lust verantwortlich, er möchte Sie aber sicherlich dabei begleiten und unterstützen, Ihre Lust voll auszukosten. Schaffen Sie sich beide eine besondere Atmosphäre – durch eine angenehme Raumtemperatur, durch Licht, Musik, aber auch durch Düfte oder diverse andere „Hilfsmittel", die Ihnen guttun, sei es das Bett aus Rosenblättern, die Vanillesauce, die Sie einander von den Brustwarzen lecken, oder der Schal, mit dem Sie einander die Augen verbinden. Probieren Sie ...

Wenn es „Ihr Date" ist, dann sind Sie eingeladen, sich verwöhnen zu lassen und ganz klar auch Ihrem Partner mitzuteilen, was Sie sich wünschen. Ob mit Worten, Körperbewegungen, indem Sie Hand oder Kopf lenken ... finden Sie Ihre Wege, sich zu zeigen. Vorzugsweise lassen Sie im ersten Schritt die primären Geschlechtsorgane und üblichen Erregungsgewohnheiten einmal außen vor. Sie sollten sich also nicht einfach hinlegen und „machen lassen", vielleicht finden Sie jetzt auch den Mut, endlich mal zu führen? Sie dürfen alles machen, was Sie erregt, Ihr Partner darf jederzeit stopp sagen. Versuchen Sie, bewusst zu spüren, zu nehmen, oder, wenn Sie mögen, eben auch zu führen. Kommunizieren

Sie Ihre Wünsche – durch Worte, Gesten, das Leiten der Hand, die Sie berührt, oder des Kopfes zwischen Ihren Schenkeln. Zeigen Sie, was Sie haben wollen, probieren Sie sich aus, vielleicht findet sich auch etwas Unerwartetes oder Neues. Und sei es, Hingabe zu genießen, sich fallen zu lassen, weil es nun ausschließlich um Sie geht und Sie nichts tun oder zurückgeben müssen, sondern einfach nehmen dürfen. Erforschen Sie genussvoll Ihre eigene Erregbarkeit und – ganz wichtig – lassen Sie sie erforschen. Es darf und soll natürlich ein gemeinsames Spiel daraus werden, wenn es für Sie beide passt.

Drehbuch für den schlechtesten Sex

Auch jetzt ist wieder Ihre Fantasie gefragt (und zudem Ihr Feingefühl!). Schreiben Sie gemeinsam ein Drehbuch für den schlechtesten Sex, den Sie sich vorstellen können. Wählen Sie Ihre Worte achtsam, werden Sie nicht persönlich, sondern bleiben Sie – so seltsam es in diesem Zusammenhang klingen mag – sachlich. Und sprechen Sie in der dritten Person von sich, damit wird die Sache abstrakter. Zum Beispiel: Schlechter Sex wäre es, wenn er seinen Penis einfach hineinsteckt und innerhalb kurzer Zeit kommt, ohne auf die Lust der Partnerin zu achten. Falls Sie das mit Ihrem Partner bereits erlebt haben, sagen Sie keinesfalls: So wie du das schon gemacht hast. Durch ein gemeinsames, manchmal vielleicht lustiges Überzeichnen kann man gut heraushören, was Sie oder Ihr Partner gar nicht mögen. Und man kann nachfragen: Wenn es aber so wäre, wie wäre das für dich?

Auch diese Anregung greifen Sie am besten bei einem Spaziergang auf – in einer Situation, in der Sie sich optimalerweise beide bewegen und es relativ sicher nicht zu Sex kommen kann.

Drehbuch für sensationell guten Sex

Diesmal schreiben Sie gemeinsam ein Drehbuch für außergewöhnlich guten Sex: Was macht er? Was macht sie? Gehen Sie zum Beispiel so vor: Jeder spricht oder schreibt einen bis drei Sätze, dann ist der andere dran. Falls Sie im Alltag Zeitfenster und Lust haben, können Sie auch schriftlich mit Nachrichten kommunizieren und einander so richtig einheizen für den Abend. Wenn Sie Ihr Drehbuch während des Beginns einer sexuellen Begegnung in Angriff nehmen, können Sie den Worten gleich Taten folgen lassen.

Die Spannung steigt

Ein Paar beschreibt mir sein „erstes" Date in einer Bar. Hans und Doris haben „verschärfend" vereinbart, dass er sie einfach „anquatschen" wird – wie bei einer Zufallsbegegnung. Doris ist wenige Minuten vor ihrem Mann da, ein paar fröhliche Menschen stehen am Tresen und öffnen gerade eine Flasche Prosecco, um Geburtstag zu feiern. Doris wird gleich eingeladen. Als Hans wenig später die Bar betritt, steht sie mitten in einer Gruppe unbekannter Menschen – so, als ob sie dort ganz selbstverständlich dazugehören würde. Er ist etwas irritiert, ja, sogar beunruhigt und sieht vorerst kaum eine Chance, auf sich aufmerksam zu machen. Hans und Doris haben klar vereinbart, dass sie das Spiel in jedem Fall „ernsthaft angehen" wollen. Mit einer derartigen Situation haben sie jedoch nicht gerechnet – die Spannung steigt.

Hans bestellt sich ein Glas Wein und lässt seinen Blick schweifen. Doris und er haben über einen Spiegel Blickkontakt – Doris lächelt ihn kurz, aber bewusst an, er fühlt sich gesehen und wieder sicher in diesem Spiel. Hans beobachtet, wie unbekannte Menschen mit Doris plaudern, lachen, ein attraktiver Typ hat offenbar besonderes Interesse an ihr und verwickelt sie immer hartnäckiger in ein Gespräch. Nach einer gefühlten Ewigkeit verlässt Doris die

Runde. Auf ihrem Weg zur Toilette verliert sie „zufällig" ihren Schal in der Nähe des Tisches von Hans und gibt ihm damit einen Grund, sie „anzusprechen" – was er, als sie auf dem „Rückweg" ist, auch macht. Doris hat das Flirten in der unbekannten Runde sehr genossen, ist leicht euphorisiert und findet es ein bisschen amüsant, wie unruhig Hans geworden ist.

Beim folgenden „Anbahnungsgespräch" legt er sich voll ins Zeug. Nach längerer Zeit hat er wieder einmal erlebt, wie andere Menschen auf seine Frau zugehen, wie leicht sie wahrgenommen wird und es ist ihm wieder viel bewusster geworden, wie attraktiv sie für ihn ist, dass er sie immer noch begehrt. Hans spürt intensiv: Er möchte mit seiner Frau wieder eine aktive, lustvolle Liebesbeziehung genießen. Sie haben beide viel „schleifen lassen", sich wenig um die leichten, unbeschwerten und freudigen Momente im Alltag gekümmert. Nun fällt es ihnen leicht, miteinander zu lachen und zu flirten. Sie halten das Spiel durch, genießen ein schönes Abendessen mit vielen neugierigen Gesprächen, wie sie sie schon lange nicht mehr miteinander geführt haben. Beide fühlen sich lebendig und verliebt. Kaum sind sie im Taxi, schmusen sie wie „in alten Zeiten" und zu Hause landen sie – natürlich – im Bett.

Extra-Anregungen für Eltern

Mythos gute Mutter

Viele Menschen hegen den Wunsch, eine Familie zu gründen und hierbei auf Sicherheit und Stabilität zu bauen. Und ja, diese Jahre können wunderbar und innig sein. Für das Liebespaar sind sie jedoch oft eine Herausforderung, weil sich das Leben mit Baby wirklich verändert. Gerade in dieser Zeit ist es schön, wenn es gelingt, sich immer wieder auch nur als Paar zu begegnen. Vielleicht sind Sie müde, wenn Ihr Kind endlich schläft, vielleicht sehnen Sie sich nicht nach engen Umarmungen, weil Sie den ganzen Tag in Berührung mit Ihrem Kind sind. Aber: Die Umarmung Ihres Partners fühlt sich bestimmt ganz anders an, gönnen Sie sich diese Entspannung bewusst.

Auch heute noch haben viele das Bild der „guten Frau" im Kopf. Zu oft hat der sexuell aktive, lustvolle und freie Teil der Frau spätestens mit dem ersten Kind und den Herausforderungen des Alltags das Ehebett zu verlassen. Selbst wenn sie ganz andere Ansichten haben, verlieren viele junge Eltern mit ihren neuen Aufgaben und der Verantwortung für ihre süßen, hilflosen, bezaubernden Babys ihre gleichwertige, unabhängige Position rasch und „zuverlässig" aus den Augen und wundern sich dann über Beziehungsprobleme.

Aus meiner Erfahrung heraus kann ich bestätigen: Es sind wohl schon viele Partnerschaften mit Kindern deshalb zerbrochen, weil Frauen ihre Bedürfnisse als eigenständige Personen – vor allem in den ersten Jahren als junge Mutter – nicht mehr ausreichend gelebt haben. Wenn weder Zeit für eigene Interessen noch Raum für die Zweierbeziehung geschaffen wird, fehlen unter Umständen Lebendigkeit und Freude, die einen dort halten, wo man ist.

Mein Sex, what else?

Neu definiert

Als Sandra, 37, zu mir in die Praxis kam, war sie verzweifelt, unendlich traurig und erschöpft: Ihre Ehe sei nicht mehr zu retten. Sie sah keinen anderen Ausweg als die Trennung.

Zufällig ergab sich, dass eine enge Freundin von Sandra für ein paar Monate ins Ausland ging. Sandra konnte deshalb recht rasch, unkompliziert und ohne große finanzielle Belastung mit ihrem dreijährigen Sohn vorübergehend in deren Wohnung einziehen, um sich in Ruhe zu sortieren. Eines war für sie und ihren Mann ganz klar: Sie wollten beide weiterhin wirklich gute Eltern für ihren Sohn bleiben – auf dieser Ebene konnten sie sehr wertschätzend miteinander umgehen.

Nach einigen Wochen wurde Sandra immer klarer – sie hatte in ihrer Beziehung viel zu wenig Zeit für sich als Frau gefunden, war mit ihrer Berufstätigkeit und in der „Freizeit" von vorne bis hinten mit der Mutterrolle ausgefüllt, es gab weder Zeit für sie allein noch Zeit für sie und ihren Mann als Paar.

Wenn ihr Sohn an manchen Wochenenden beim Papa war, wusste sie anfangs kaum etwas mit der unverplanten Zeit anzufangen. Doch dann begann sie, wieder mit Freundinnen auszugehen, genoss es, zu laufen und Yoga zu machen, einfach mal entspannt ein Buch zu lesen, auszuschlafen und nur dann zu essen, wenn sie Hunger hatte – und nicht dann, wenn Sohn oder Mann Hunger hatten. Sie fühlte sich lebendig und erholt wie schon seit Jahren nicht.

Bei Sandra ergab es sich, dass durch diese Phase die Beziehung mit ihrem Mann wieder lebendiger und bewusster gestaltet werden konnte. Die beiden hatten unbewusst Muster aus ihrer Kindheit wiederholt, die weder zu ihrer Lebenseinstellung noch zu ihrem Leben passten. Nach ein paar Monaten wohnten Sandra und ihr Mann wieder gemeinsam. Die Rollen wurden neu definiert, die Verantwortungen anders verteilt – endlich war auch der Papa ein vollwertiger Elternteil. Sie gönnten sich fixe Zeiten ohne Kind und waren froh, dass sowohl eine Oma wie auch eine verlässliche Studentin immer wieder Zeit für den Sohn hatten.

Frau sein, nicht „nur" junge Mutter

Selbst wenn Sie noch stillen, irgendwann schläft auch Ihr Baby, gönnen Sie sich ein paar Minuten Ruhe, eine Umarmung, liebevolle Worte, die Sie daran erinnern, immer noch ein eigenständiger Mensch, eine Frau zu sein. Finden Sie zudem auch ganz bewusst etwas längere Zeiträume, in denen Sie wieder in Ihre Frauenrolle schlüpfen können. Auf dieser Ebene ist ein anregender und sinnlicher Austausch bzw. eine Annäherung an Ihren Partner als eigenständiges, vielleicht auch erotisches, sexuelles Wesen leichter möglich. Optimalerweise wissen Sie, dass diese Zeiträume regelmäßig für Sie da sind und nicht jedes Mal neu „erkämpft" werden müssen.

Wie können Sie diese „Paar-Inseln" organisieren, wer kann Sie unterstützen? Wenn Babysitter oder Großeltern nicht greifbar sind, gibt es im Umfeld oft andere Eltern mit ähnlichen Themen, wie wäre es, wenn die Kinder ab und zu bei den jeweils anderen zu Gast sind? Gönnen Sie sich auf jeden Fall immer wieder Zeiten für sich selbst, die Sie autark gestalten und genießen können – sowohl ganz für sich allein, aber auch als Paar.

Regelmäßige Zweisamkeit

Hier gibt es einen sehr wirksamen und einfachen Trick: Nehmen Sie sich in passender und verlässlicher Regelmäßigkeit Zeit zu zweit. Gehen Sie hinaus, schauen Sie, dass Sie beide sich entspannen können und – ganz wichtig – reden Sie bei diesen Dates nicht über die Kinder, den Alltag, den Job, die Sorgen. Geben Sie sich den Raum, einander mit liebevollem Blick zu begegnen, führen Sie persönliche Gespräche und träumen Sie gemeinsam von nächsten Begegnungen als Paar. Sorgen Sie für Freude und Genuss, kleine Überraschungsmomente. Denn in den Jahren der Erziehung von kleinen Kindern geht insgesamt oft immer noch die Schere weit auf, die Mama bleibt zu Hause, arbeitet Teilzeit, der Papa geht „in die Welt" und macht Karriere …

Brauchen Sie noch einen Impuls, um loszuleben und loszulieben?

Woran merken Sie, dass Ihr Sex besser wird?

Was alles ist gute Sexualität für Sie? Wonach sehnen Sie sich? Was wären gute Veränderungen? Wie kann man in der Erotik Maßstäbe setzen, ohne Sexualität messen zu wollen? Welche Erlebnisse hatten Sie schon? Was war da anders? Was tun Sie heute? Woran würden Sie merken, dass es besser, dass es gut ist? Gute Sexualität kann sich besser in einem Umfeld entfalten, in dem Sie vertrauen können, sicher sind, spielen dürfen.

Was will jeder von uns entwickeln? Was wollen wir ineinander sehen? Was wollen wir gegenseitig fördern? Was brauchen wir, um einander vertrauen zu können? Was brauchen wir für unser Erblühen?

Stellen Sie sich vor: Sie pflegen einen Garten mit ganz unterschiedlichen Pflanzen. Suchen Sie ständig Unkraut, das das Bild stört? Dann finden Sie bestimmt immer Störfaktoren. Oder legen Sie die Aufmerksamkeit auf das, an dem Sie sich erfreuen? Auf die Früchte und Blüten, die schmecken, gefallen oder Ihnen ans Herz gewachsen sind?

Miteinander lustvoller gestalten

Hatten Sie selbst schon mehr als einen Sexpartner, dann wissen Sie vermutlich, dass es mit jedem anders ist. Das gemeinsame Agieren und Reagieren, das gemeinsame Spiel, die Chemie machen es aus. Es gibt kein Richtig und Falsch, solange die Beteiligten freiwillig und freudig tun und jederzeit stoppen können, wenn es nicht mehr passt.

Je klarer Sie mit sich sind, umso sicherer sind Sie, umso mutiger können Sie sein, andere Spielfelder zu besuchen. Lustvolle Sexualität ist selten Porno-Performance, aber auch mehr als freundschaftliches Kuscheln, es ist Ihr persönliches Spiel aus Nähe und Berührung, Bewegung und Erregung, Neugierde, vielleicht Ekstase. Wie das für Sie aktuell aussehen soll, wissen und spüren nur Sie.

Lebendige Sexualität bedeutet so viel mehr als nur „das eine". Sie ist ein gesunder und wohltuender Bestandteil des Lebens. Lust, Erotik, Wissen, Sinnlichkeit, Verführung, Ekstase, Hingabe und das eigene Körper(selbst)bewusstsein stehen in einem selbstverständlichen Zusammenhang. Nicht immer läuft's von selbst so, dass alles passt. **Aber keine Sorge: Sexualität ist ein ganzes Leben lang gestalt- und veränderbar.**

Und noch eine letzte Frage zum Schluss:
Was möchten Sie wirklich leben?

Ja, beim Sex, aber auch generell? Es hängt alles zusammen, wir können kaum ein erfülltes Sexualleben in einem fremdbestimmten oder vom Alltagsstress dominierten Leben entfalten. Wir können jetzt Verantwortung für unser Wohlbefinden übernehmen, wenn wir erforschen, worauf es uns eigentlich wirklich ankommt. Wir dürfen klar und solange es geht, freundlich Grenzen ziehen. Dadurch werden neue Wege eröffnet – für jeden von uns. Wir müssen uns nicht mehr an die Menschen binden, mit denen wir emotional verstrickt sind, oder an die, die wir glauben zu brauchen, oder an die, die Ansprüche an uns erheben. Wir dürfen Schritt für Schritt oder auch ganz schnell lernen, selbst zu wählen, mit wem wir uns umgeben, an wen wir uns – in einem gesunden Austausch – verschenken wollen. Wer stärkt, fängt, nährt und trägt uns? Wer gibt uns frei?

In dem Moment, in dem wir erkennen, dass es Alternativen zu einem (unbefriedigenden) Jetzt gibt, sind wir frei, zu gestalten.

Mein Sex, what else?

QUELLEN

Alain de Botton: *Wie man richtig an Sex denkt: Kleine Philosophie der Lebenskunst*

Stephen R. Corvey: *Die 7 Wege zu glücklichen Beziehungen*

Sheila de Liz: *Unverschämt* sowie *Women on fire*

Gerd Gigerenzer: *Klick*

Jon Kabat-Zinn: *Im Alltag Ruhe finden*

Sandra Konrad: *Das beherrschte Geschlecht: Warum sie will, was er will*

Emily Nagoski: *Komm, wie du willst: Das neue Frauen-Sex-Buch*

Ester Perel: *Was Liebe braucht – Das Geheimnis des Begehrens in festen Beziehungen* sowie Ted Talk: *The secret to desire in a long term relationship*

Susanna-Sitari Rescio: *Sex & Achtsamkeit* sowie *Sinnliche Intimität*

Hartmut Rosa: *Resonanz*

Julia Sparmann: *Lustvoll körperwärts*

Michael Tomasello: *Eine Naturgeschichte der menschlichen Moral*

Das Konzept Sexocorporel geht auf Prof. Jean-Yves Desjardins (1931–2011) zurück und wird zum Beispiel im Institut für Sexualpädagogik in Wien gelehrt.

Regelmäßig lerne ich von Prof. Dr. Gerald Hüther, Verena Kast, Veit und Andrea Lindau, Sue Johnson und einigen anderen mehr.

ZU GUTER LETZT
SAGE ICH DANKE ...

... den Menschen, die ihr lustvolles Sexleben bewusster
gestalten wollen und die ich begleiten darf, mit denen
ich täglich dazulerne

... den Menschen, die mich fachlich inspirieren und
mir laufend Impulse geben – um nur einige zu nennen:
Susanna Sitari-Rescio, Sheila de Liz, Ulrich Clement,
Gianna Bacio, Peggy Kleinplatz und viele andere mehr

... den Menschen, die mich auf diesem, meinem zweiten
Bildungsweg kompetent gelehrt haben: Dr. Gundl Kutschera
und ihrem Team vom Institut Kutschera, Bettina Weidinger
und Wolfgang Kostenwein vom Institut für Sexualpädagogik
sowie Andrea und Veit Lindau mit ihrer Plattform Homodea

Ursula Asamer

50 Shades of Green –
Heimische Kräuter
und Blüten für Lust
und Liebe

ISBN 978-3-7088-0734-8

**Die Natur wartet mit heilsamen Geschenken
auf, die unsere Lebenskraft stärken,
die Libido anregen und so manch
brachliegendes Gefühl erwecken**

Wussten Sie, dass Kaiser Nero nicht nur seine Stimme mit
Schnittlauch geschmeidig hielt? Oder dass die Petersilie in
früheren Zeiten zur Verhütung verwendet wurde? Oder
warum die Linde auf subtile Weise die Libido anregt?

Lernen Sie die 50 wichtigsten Liebespflanzen kennen und
verwöhnen Sie Ihren Partner mit einem selbst hergestellten,
verführerischen Liebestrank, Massageöl oder Badezusatz.
In diesem Buch finden Sie neben einem umfangreichen
Hintergrundwissen die entsprechenden Anleitungen sowie
Infos über Bezugsquellen für biologisch einwandfreie
Fertigprodukte.

Liebe Leserin,

hat Ihnen dieses Buch gefallen?

Dann freuen wir uns über Ihre Weiterempfehlung,
Austausch und Anregung unter leserstimme@styriabooks.at

KNEIPP
VERLAG WIEN

© 2022 by Kneipp Verlag
in der Verlagsgruppe Styria GmbH & Co KG
Wien – Graz
Alle Rechte vorbehalten.
ISBN 978-3-7088-0818-5

Bücher aus der Verlagsgruppe Styria gibt es in jeder Buchhandlung
und im Online-Shop **www.styriabooks.at**

Covergestaltung und Illustrationen: Andrea Haselmayr, creativityhappens.at
Hintergrund Cover: ©iStockphoto.com/LeslieLauren
Foto hintere Klappe: © Ludwig Schedl
Layout und Satz: Johanna Uhrmann, johannauhrmann.at
Korrektorat: Martina Paul

Druck: CPI books
Printed in the EU
7 6 5 4 3 2 1

Hinweis: Die Autorin hat für die Inhalte dieses Buches nach bestem Wissen
und Gewissen recherchiert und stellt mit den angebotenen Informationen
keinen Anspruch auf Vollständigkeit. Weder sie noch der Verlag können
Haftung in Bezug auf die Inhalte übernehmen.